海上絲綢之路基本文獻叢書

# 海語
# 臺海見聞録

〔明〕黄衷 撰／〔清〕董天工 撰

文物出版社

圖書在版編目（CIP）數據

海語 /（明）黄衷撰．臺海見聞録 /（清）董天工撰．-- 北京 : 文物出版社，2022.6
（海上絲綢之路基本文獻叢書）
ISBN 978-7-5010-7562-1

Ⅰ．①海… ②臺… Ⅱ．①黄… ②董… Ⅲ．①東南亞－地方誌－古代②臺灣－地方誌－清代 Ⅳ．① K330.9 ② K295.8

中國版本圖書館 CIP 數據核字 (2022) 第 064926 號

海上絲綢之路基本文獻叢書
海語・臺海見聞録

著　　者：〔明〕黄衷　〔清〕董天工
策　　划：盛世博閲（北京）文化有限責任公司

封面設計：鞏榮彪
責任編輯：劉永海
責任印製：張道奇

出版發行：文物出版社
社　　址：北京市東城區東直門内北小街 2 號樓
郵　　編：100007
網　　址：http://www.wenwu.com
郵　　箱：web@wenwu.com
經　　銷：新華書店
印　　刷：北京旺都印務有限公司
開　　本：787mm×1092mm　1/16
印　　張：12.875
版　　次：2022 年 6 月第 1 版
印　　次：2022 年 6 月第 1 次印刷
書　　號：ISBN 978-7-5010-7562-1
定　　價：92.00 圓

# 總緒

海上絲綢之路，一般意義上是指從秦漢至鴉片戰争前中國與世界進行政治、經濟、文化交流的海上通道，主要分爲經由黄海、東海的海路最終抵達日本列島及朝鮮半島的東海航綫和以徐聞、合浦、廣州、泉州爲起點通往東南亞及印度洋地區的南海航綫。

在中國古代文獻中，最早、最詳細記載『海上絲綢之路』航綫的是東漢班固的《漢書·地理志》，詳細記載了西漢黄門譯長率領應募者入海『齎黄金雜繒而往』之事，書中所出現的地理記載與東南亞地區相關，并與實際的地理狀况基本相符。

東漢後，中國進入魏晉南北朝長達三百多年的分裂割據時期，絲路上的交往也走向低谷。這一時期的絲路交往，以法顯的西行最爲著名。法顯作爲從陸路西行到印度，再由海路回國的第一人，根據親身經歷所寫的《佛國記》（又稱《法顯傳》）一書，詳細介紹了古代中亞和印度、巴基斯坦、斯里蘭卡等地的歷史及風土人情，是瞭解和研究海陸絲綢之路的珍貴歷史資料。

隨着隋唐的統一，中國經濟重心的南移，中國與西方交通以海路爲主，海上絲綢之路進入大發展時期。廣州成爲唐朝最大的海外貿易中心，朝廷設立市舶司，專門管理海外貿易。唐代著名的地理學家賈耽（七三〇～八〇五年）的《皇華四達記》記載了從廣州通往阿拉伯地區的海上交通『廣州通夷道』，詳述了從廣州港出發，經越南、馬來半島、蘇門答臘半島至印度、錫蘭，直至波斯灣沿岸各國的航綫及沿途地區的方位、名稱、島礁、山川、民俗等。譯經大師義净西行求法，將沿途見聞寫成著作《大唐西域求法高僧傳》，詳細記載了海上絲綢之路的發展變化，是我們瞭解絲綢之路不可多得的第一手資料。

宋代的造船技術和航海技術顯著提高，指南針廣泛應用於航海，中國商船的遠航能力大大提升。北宋徐兢的《宣和奉使高麗圖經》詳細記述了船舶製造、海洋地理和往來航綫，是研究宋代海外交通史、中朝友好關係史、中朝經濟文化交流史的重要文獻。南宋趙汝適《諸蕃志》記載，南海有五十三個國家和地區與南宋通商貿易，形成了通往日本、高麗、東南亞、印度、波斯、阿拉伯等地的『海上絲綢之路』。宋代爲了加强商貿往來，於北宋神宗元豐三年（一〇八〇年）頒佈了中國歷史上第一部海洋貿易管理條例《廣州市舶條法》，并稱爲宋代貿易管理的制度範本。

元朝在經濟上採用重商主義政策，鼓勵海外貿易，中國與歐洲的聯繫與交往非常頻繁，其中馬可·波羅、伊本·白圖泰等歐洲旅行家來到中國，留下了大量的旅行記，記録元代海上絲綢之路的盛況。元代的汪大淵兩次出海，撰寫出《島夷志略》一書，記録了二百多個國名和地名，其中不少首次見於中國著録，涉及的地理範圍東至菲律賓群島，西至非洲。這些都反映了元朝時中西經濟文化交流的豐富内容。

明、清政府先後多次實施海禁政策，海上絲綢之路的貿易逐漸衰落。但是從明永樂三年至明宣德八年的二十八年裏，鄭和率船隊七下西洋，先後到達的國家多達三十多個，在進行經貿交流的同時，也極大地促進了中外文化的交流，這些都詳見於《西洋蕃國志》《星槎勝覽》《瀛涯勝覽》等典籍中。

關於海上絲綢之路的文獻記述，除上述官員、學者、求法或傳教高僧以及旅行者的著作外，自《漢書》之後，歷代正史大都列有《地理志》《四夷傳》《西域傳》《外國傳》《蠻夷傳》《屬國傳》等篇章，加上唐宋以來衆多的典制類文獻、地方史志文獻，集中反映了歷代王朝對於周邊部族、政權以及西方世界的認識，都是關於海上絲綢之路的原始史料性文獻。

海上絲綢之路概念的形成，經歷了一個演變的過程。十九世紀七十年代德國地理學家費迪南・馮・李希霍芬（Ferdinad Von Richthofen，一八三三～一九〇五），在其《中國：親身旅行和研究成果》第三卷中首次把輸出中國絲綢的東西陸路稱爲『絲綢之路』。有『歐洲漢學泰斗』之稱的法國漢學家沙畹（Édouard Chavannes，一八六五～一九一八），在其一九〇三年著作的《西突厥史料》中提出『絲路有海陸兩道』，蘊涵了海上絲綢之路最初提法。迄今發現最早正式提出『海上絲綢之路』一詞的是日本考古學家三杉隆敏，他在一九六七年出版《中國瓷器之旅：探索海上的絲綢之路》中首次使用『海上絲綢之路』一詞；一九七九年三杉隆敏又出版了《海上絲綢之路》一書，其立意和出發點局限在東西方之間的陶瓷貿易與交流史。

二十世紀八十年代以來，在海外交通史研究中，『海上絲綢之路』一詞逐漸成爲中外學術界廣泛接受的概念。根據姚楠等人研究，饒宗頤先生是華人中最早提出『海上絲綢之路』的人，他的《海道之絲路與昆侖舶》正式提出『海上絲路』的稱謂。選堂先生評價海上絲綢之路是外交、貿易和文化交流作用的通道。此後，大陸學者馮蔚然在一九七八年編寫的《航運史話》中，使用『海上絲綢之路』一詞，這是迄今學界查到的中國大陸最早使用『海上絲綢之路』的人，更多地限於航海活動領域的考察。一九八〇年北京大學陳炎教授提出『海上絲綢之路』研究，并於一九八一年發表《略論海上絲綢之路》一文。他對海上絲綢之路的理解超越以往，且帶有濃厚的愛國主義思想。陳炎教授之後，從事研究海上絲綢之路的學者越來越多，尤其沿海港口城市向聯合國申請海上絲綢之路非物質文化遺産活動，將海上絲綢之路研究推向新高潮。另外，國家把建設『絲綢之路經濟帶』和『二十一世紀海上絲綢之路』作爲對外發展方針，將這一學術課題提升爲國家願景的高度，使海上絲綢之路形成超越學術進入政經層面的熱潮。

與海上絲綢之路學的萬千氣象相對應，海上絲綢之路文獻的整理工作仍顯滯後，遠遠跟不上突飛猛進的研究進展。二〇一八年厦門大學、中山大學等單位聯合發起『海上絲綢之路文獻集成』專案，尚在醖釀當中。我們不揣淺陋，深入調查，廣泛搜集，將有關海上絲綢之路的原始史料文獻和研究文獻，分爲風俗物産、雜史筆記、海防海事、典章檔案等六個類別，彙編成《海上絲綢之路歷史文化叢書》，於二〇二〇年影印出版。此輯面市以來，深受各大圖書館及相關研究者好評。爲讓更多的讀者親近古籍文獻，我們遴選出前編中的菁華，彙編成《海上絲綢之路基本文獻叢書》，以單行本影印出版，以饗讀者，以期爲讀者展現出一幅幅中外經濟文化交流的精美畫卷，爲海上絲綢之路的研究提供歷史借鑒，爲『二十一世紀海上絲綢之路』倡議構想的實踐做好歷史的詮釋和注脚，從而達到『以史爲鑒』『古爲今用』的目的。

# 凡例

一、本編注重史料的珍稀性，從《海上絲綢之路歷史文化叢書》中遴選出菁華，擬出版百册單行本。

二、本編所選之文獻，其編纂的年代下限至一九四九年。

三、本編排序無嚴格定式，所選之文獻篇幅以二百餘頁爲宜，以便讀者閱讀使用。

四、本編所選文獻，每種前皆注明版本、著者。

五、本編文獻皆爲影印，原始文本掃描之後經過修復處理，仍存原式，少數文獻由於原始底本欠佳，略有模糊之處，不影響閱讀使用。

六、本編原始底本非一時一地之出版物，原書裝幀、開本多有不同，本書彙編之後，統一爲十六開右翻本。

# 目録

# 海語

# 海語

三卷

〔明〕黄衷 撰

清道光刻《紛欣閣叢書》本

# 海語

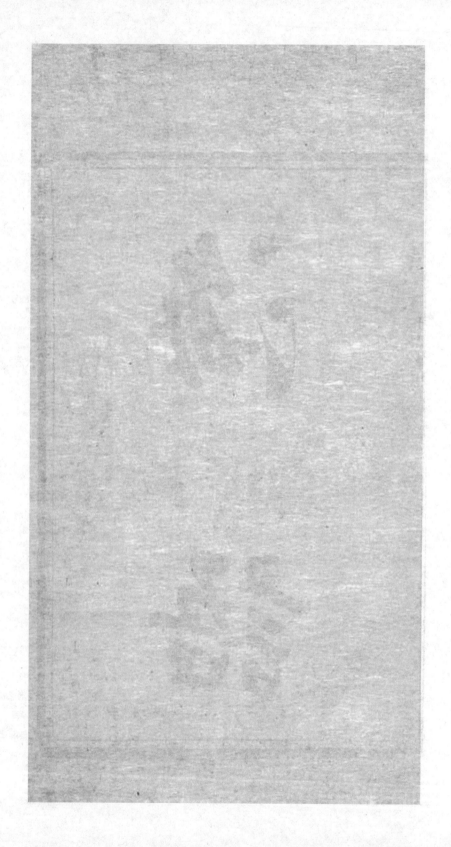

# 海語目錄

浦江周心如幼海校栞

海語目錄終

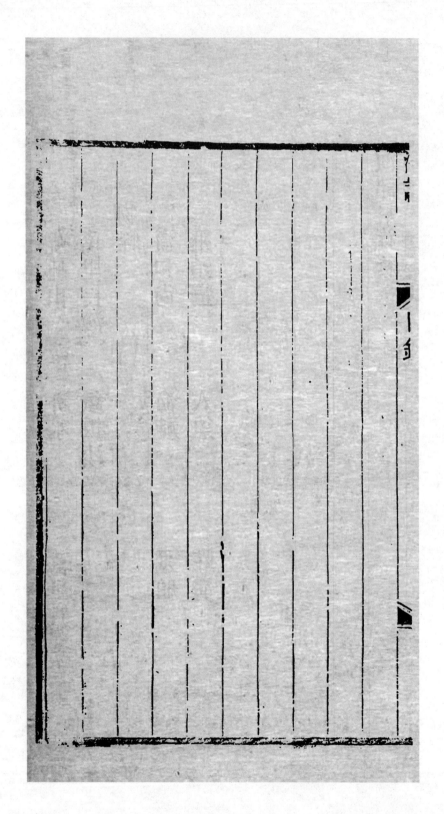

# 海語卷上

鐵橋病叟黃衷 著
浦江周心如幼海校栞

## 風俗

### 暹羅

暹羅國在南海中自東莞之南亭門放洋南至烏豬獨豬七洲三洋名星盤坤未針至外羅坤申針四十五程至占城舊港經大佛靈山其上烽墩則交阯屬也又未針至崐崘山又坤未針至玳瑁洲玳瑁額及于龜山酉針入暹羅港水中長洲隱隆如壩船出入如中國車壩然亦國之一控

扼也少進爲一關守以夷酋又少進爲二關郎國都也其地沮洳無城郭王居據大嶼稍如中國殿宇之制覆以錫版闢東壁爲巨扉是爲王門治內分十二塘壩酋長主焉猶華之有衙府也其要害爲龜山爲陸昆主以阿昆猛齋猶華言總兵甲兵屬焉有奶街爲華人流寓者之居土夷乃散處水棚板閣蔭以茭章無陶瓦也其國右僧謂僧作佛佛乃作王其貴僧亦稱僧王國有號令决焉凡國人謁王必合掌跽而捫王之足者三自捫其首者三謂之頂禮敬之至也凡王子始長習梵字梵禮若術數之類皆從貴僧是故貴僧之權侔於王也國無姓氏華人流寓者始從

本姓一再傳亦亡矣人皆髠首恥爲盜竊凡犯盜及私市者罪之其犴獄則穴地爲重樓三級謂之天牢輕罪置上級差重置中級殊死者乃置下級輕刑以皮鞭差重斷足十趾差重斷手十指罪至殊死者腰斬或以象蹂之貴僧爲請于王王乃宥之沒爲僧奴謂之奴囝賦役省薄惟給象爲最重故殊死獲免者不爲奴囝則以給象終身焉國無占候凡日月薄蝕國人見者則奔告于王首至者賞建寅之月王乃命巫占方命力者由勝方所向掠人而剔其膽雜諸藥爲湯王濡足象濡首以作猛氣凡用膽華人爲上僧不剔孕婦不剔瘡痏不剔是故用膽視歲甲子爲多

寡也建辰之月是爲歲首建巳之月始作農事建午之月潦始漲建酉之月潦退王乃御龍舟乃祀土穀禾乃登始穫凡稼之長茂視潦之淺深程長丈有三尺穟八寸有只稻三盈寸田畝贍數口少歉歲也凡男女先私媾而後聘婚既嫁而外私者犯則出貨以贖然猶薇罪於男謂其爲亂首也凡婦多慧巧刺綉織紝工於中國尤善醞釀故暹酒甲於諸夷婦飾必以諸香澤其體髮日夕三四浴戲狎不禁雖王之妻妾皆盛飾倚市與漢兒貿易不訝亦不敢亂居父母若夫之喪則削髮如比丘尼經旬乃蓄鬒如舊凡死喪富夷火尸而葬貧者舉尸筏而浮諸海喪屬踞徙

丁海濱迎僧而呪羣大鳥啄而食之頃之而盡謂之鳥葬凡鱷患夷衆則奔赴于王王詔貴僧呪飯而投諸鱷所乃以貝多葉書數符佩以奴囝沒水牽數鱷出貴僧佐其孼跡多者戮之刳其腹有符鉛珠二升者跡少乃黥符其背呪而縱之國人凡有讐怨皆謁僧求呪其呪土夷還者非死即疾苦施諸華人則不能害也凡飯僧必具十品食也屑糯若秔也牛也羊也豕也翰音也舒鴈也家鶩若魚也皆熟而薦之僧呪而後舉舉必盡數器不足十品不以供也其產多蘇方木檳榔椰子波羅蜜片腦諸香雜菓象齒犀角金寶玳瑁之屬貿易用肥故其民饒富豪奢各據別

島而居奴囝數百口蓄貲多至數十鉅萬不益藏不虞寇西洋諸國異產奇貨輻輳其地匠藝工緻嵌寶指環時至中國一枚值數十金地廣而兵强嘗併有占臘而私其貢賦以不繫中國利害置不問也

## 滿剌加

滿剌加在南海中始爲暹羅屬域厥後守土酋長叛其主而自立開國無可考矣自東莞縣南亭門放洋星盤與暹羅同道至崑崙洋直子午收龍牙門港二日程至其國爲諸夷輻輳之地亦海上一小都會也王居前屋用瓦乃永樂中太監鄭和所遺者餘屋皆僭擬殿宇以錫箔爲飾遇

制使若列國互市王卽盛陳儀衛以自儆備其民皆土室而居其尊官稱姑郎伽哪巨室稱南和達民多饒裕南和達一家胡椒有至數千斛象牙犀角西洋布珠貝香品若他止蓄無算俗不尚鬼男子鷄鳴而起仰天吻吻而呼哈喇盇哈喇者天地父母之通謂也文字皆梵書貿易以錫行大都錫三斤當華銀一錢耳牙儈交易搦指節以示數千金貿易不立文字指天爲約卒毋敢負者不產五穀米稍皆暹羅崛巃陂隄里所貨鬻俗禁食豕肉華人流寓或有食者輒惡之謂其厭穢也其地多酥酪富夷以和飯而啖雞犬鵞鶩常仰販於他國故一物之價五倍於華也民

性獷暴而重然諾鈀鑞不離頭刻生男二歲即造小鈀鑞而佩之一語不合便戡刃其胷死即刃者輒逃匿山谷踰時乃出死者之家不復尋讐姑郎伽嘟亦不復追論矣交會則交捫其心以爲禮誤捫其首則勃然忿爭貧民頗事剽掠遇獨客輒殺而奪其貲船商假館主者必遣女奴以服役猶日夕饋食飲少不知戒即腰纏皆爲所掩取矣婚嫁尤論財男聘以十四而責女之奩資嘗數倍陪送奴囝有五六房者市井駡詈止於其身雖甚辱不大較若駡子孫而及父祖駡奴而及家長輒以死鬬故傭奴以土着爲上謂其能扞主也婦女以夜爲市禁以二鼓而罷脫有過

禁者遇巡徼姑郎伽哪郎執而戮之王亦不詰也輕刑鞭撻罪至死者斷木爲高樁而鋭其末入土三尺許以囚大孔貫鋭端輾轉哀嗷頃之洞腹而死喪事貧者舉尸而焚富人則以樟腦實棺中而後焚之詰旦而覩骨爲揚灰矣其地多崇山大谷陸行可達暹羅嘗併有爪哇之國然爪哇之夷素號兇狡凡受傭其地而戕害其主者十八九惟善制藥筒中其矢者無不立死正德間佛郎機之船來互市爭利而鬨夷王執其哪嗟而囚之佛郎機人歸愬於其主議必報之乃治大舶八艘精兵及萬乘風突至時已踰年國中少備大被殺掠佛郎機夷酋進據其宮滿剌加王

退依陂隄里老幼存者復多散逸佛郎機將以其地索賂於暹羅而歸之暹羅辭焉佛郎機整衆滿載而去王乃復所

海語卷上

# 海語卷中

鐵橋病叟　黃衷　著

浦江周心如紉海校栞

## 物產

### 犺音寵

犺人屬出於暹羅之崛巃短小精悍圓目而黃睛性絕專愨不識金帛木食如猿猱古樾蒙密者率數十巢盖舉族所聚也語咿嚶不可辨山居夷獠每諳其性常馴擾以備驅使嘗以敝粲食以⿰魚亞音鵶鮍音貝夷言小鹹魚飲以漓酒即躍然喜似謂得所主者舉族受役至死不避雖歷世不更他姓

嘗役以採片腦鶴頂皆如期而獲其山多犀象主者利其齒角授以毒鏢犺挾以歸遇犀或象輒往刺之升木而匿犀或象怒且索毋得也移刻毒發而殪犺乃羣聚呌嘯若誇其捷者相戒聚以守經月犀象且腐所遺如齒如角齒則負以數犺角乃一犺肩之以輸其主遇奪他姓亦至死弗畀也船人編竹爲籠紆深其制置所必由之徑機而取之以獻於夷王王大愛玩酬以蘇方木至數千斤猶衣犺以番錦飼以嘉實置之爽塏犺以非其主終不附也然稍近煙火淚目死爾鐵橋子曰予觀犺有三善焉格犀若象以小制大近勇不安華構不甘嘉豢近廉不遺舊主近忠

吁若狁可爲臣監矣乎

## 象

象嗜稼凡引類于田必次畝而食不亂蹂也未旬即數頃盡矣島夷以孤豚縛籠中懸諸深樹孤豚被縛喔喔不絕聲象聞而怖又引類而遁不敢近稼矣夫體巨而力强者物莫象若佛書言菩薩之力譬如龍象是匹龍也孤豚之聲乃怖而遁之島夷之術奇矣抑何所受邪噫世之屏目任耳而自致疑懼者獨象也乎哉

## 海犀

海犀間出海上類野兕而額鼻有角與陸犀同所遊止處

水爲分裂夜則淵面白光熒熒此其異也島夷以是候之然竟無獲者遂爲希世之物矣舊說溫嶠燃犀照水神怪莫遯卽其角也錢吳寶庫有水犀帶一具國亡流落人間不知所終云又野犀有名通天者角表夜光如炬亦奇物也

## 海馬

海馬色赤黄高者八九尺逸如飛龍山食而宅海蓋龍種也東南島夷老於泛海者間一見云昔人有得巨獸骨者以問沙門贊寧贊寧曰是爲海馬骨水火俱不能毀惟漚以糟腐卽爛矣試之果然前代緇流博雅乃爾則名爲太

儒者其可及哉

海驢

海驢多出東海狀如驢舶估行得其皮者毛長二寸許晴則毨毨下垂陰則毣氂氂也或以製氈裀善人御之竟夕安寢不善人枕籍魂乃數驚矣島夷託其靈不敢蓄也鐵橋子曰獬豸觸邪神草指佞皆出於聖人之世蓋希代之瑞也海驢產於荒裔洪濤之中而其遺革猶辨淑慝以效其靈如其非誕亦足異矣吁孰謂靈具五常而智反敝革下邪

海狗

海狗純黃色如狗大乃如猫嘗羣遊背風沙中遥見船行則沒海漁以技獲之蓋利其腎也醫工以為鄖膃肭臍云按本草膃肭出西戎豕首魚尾而二足圖經云黃毛三莖一竅恐別種也

## 獴獖

獴獖（或作倛）有白有黑有黃有狸狀酷類猫而大亦高足而結尾捕鼠捷於猫也諸國皆產惟暹羅者良舶估掖至廣州常猫見而避之豪家每十金易一云

## 海鼠

海鼠大如豕重亦百觔目正赤然猶畏猫或獻於夷酋畜

之別囿遇獴獱嚙其目死焉

海鷗

海鷗似鷺而大不識人船過嘗集人肩頂人輙捕而烹之

海鷄

海鷄毛色如家鷄惟雙足鱉類爾

海鶴

海鶴大者修項五尺許翅足稱是吞常鳥如餤魚鱔成化間有至漳州者漳人射殺之復有以頂貨者類淘河而銳味雄大鵰乃畧小晝啄于海暮宿巖谷間島夷豫以小鏢付猱月夕則伏於鶴常宿所擇其大者而刺之平旦有獲

五六頭者島夷乃剝其頂售于船估比至閩廣價等金玉予嘗見廣中善宦有以鶴頂製飲器數百事雜飾金寶餉諸貴璫朝右以希顯柄然卒止方岳豈數然邪抑公道可憑邪

海鸚哥

海鸚哥黑喙綠羽足亦類鸚

海鷰

海鷰大如鳩春回巢於古巖危壁葺壘乃白海菜也島夷伺其秋去以修竿接鏟取而鬻之謂之海鷰窩隨船至廣貴家宴品珍之其價翔矣

火雞山鳳

火雞出滿刺加山谷大如鶴多紫赤色能食火吐氣亦煙燄也子如鵞胎殼厚踰重錢或斑或白島夷採爲飲盞見者多珍奇之山鳳喙首如鶴項足卒七八尺翅翮過之能吞衆鳥敵人而啄其腦若刃斧然子大如椰瓤近時暹羅哪嗟挾一以餉盤檢鋭之倩巧匠裁爲酤瓻市井誇謂僅見也夫明王之世不貴異物而杜淫巧此何爲者哉此何爲者哉

海鯊

鯊有二種魚麗之鯊蓋閩廣江漢之常產海鯊虎頭鯊體

黑紋鯊足巨者餘二百斤嘗以春晦陟於海山之麓旬日而化為虎惟四足難化經月乃成矣或曰虎紋直而疎且長者鯊化也炳炳成章者常虎也

## 海龜

海龜鷹首鷹吻大者方徑丈餘春夏之交遊卵於沙際島夷遇而捕之輙垂淚歔氣如人遭困厄然或諭之曰汝毋淚歔氣當舁汝歸龜便應聲潛然鳴若哀牛島夷舁至海濱釋之龜比入水引頸三躍若感謝狀而遊

## 海鰉

鰉有二種常鰉類鱘魚而小河海皆產也海鰉身首差短

歲二八月羣至數百騰於沙嶼移時化爲鳥俗呼火鳩是也海濱居民候其上也譟而驚之化者纔十五鱗鬣全不開者不全化矣居人羞者市者瀕海皆足余少時嘗見廣海人有以糟鰉餉先大夫者比發瓿鳥首而魚身者二先大夫愀然不懌曰是欲化而不可得者也無乃人離造化之情邪尚忍食哉命覆之

## 海鰌

海鰌長者亘百餘里牡蠣聚族其背曠歲之積崇十許丈鰌負以遊鰌背平水即牡蠣嵂屼水面如山矣舶猝遇之如當其首輒震以銃砲鰌驚徐徐而沒猶漩渦數里舶顛

頓久之乃定人始有更生之賀蓋觀甚奇而災甚切也

鰻鱺

鰻鱺大者身徑如磨盤長丈六七尺鎗嘴鉅齒遇人輙鬪數十爲隊常隨盛潮陟山而草食所經之路漸如溝澗夜則鹹涎發光船人以是知爲鰻鱺所集也燃灰厚布所開路執鏢戟諸器羣譟而前鰻鱺循路而遁遇灰體澀不可竄移時乃困船人恣殺之皮厚近寸食之美於肉也

印魚

印魚出南海中似青魚而修廣過之頭骨中折如解顱之嬰腦後垂皮方徑三寸許若道巾之披餘然上有黑文儼

如篆籀島夷間有獲者必珍藏之不知其何謂也

## 河豚

河豚出於江河者皆不盈尺海中大者如豕服雜紅黃文彩可玩常魚率順水而遊此則旋迴戲躍噴沫之聲烏烏如訓狐舶人聞其聲知其下有河豚也以小絙繫叉鏢擲而獲之有重數十斤者云

## 蜘蛛

海蜘蛛巨若丈二車輪文具五色非大山深谷不伏也遊絲隘中牢若絙纜晨輝照耀光睒燁燁虎豹麋鹿間觸其網蜘蛛益吐絲如縞霞纏糾卒不可脫俟其斃腐乃就食

之船人欲樵蘇者率百十其徒束炬而往遇林輙燃紅遍山谷如設庭燎蜘蛛潛愈邃密惟恐其及也或云取其皮爲履不航而涉豈其然歟

猛火油

猛火油樹津也一名泥油出佛打泥國大類樟腦第能腐人肌肉燃置水中光焰愈熾蠻夷以制火器其烽甚烈帆檣樓櫓連延不止雖魚鱉遇者無不燋爍也一云出高麗之東盛夏日初出時烘石極熱則液出他物遇之即爲火此未必然恐出樹津者是也

酴醾露

酴醾海國所產爲盛出大西洋國者花如中州之牡丹蠻中遇天氣凄寒零露凝結着他草木乃氷澌木稼殊無香韻惟酴醾花上瓊瑤晶瑩芬芳襲人若甘露焉夷女以澤體髮膩香經月不滅國人貯以鉛缾行販他國暹羅尤特愛重競買晷不論直隨舶至廣價亦騰貴大抵用資香奩之飾耳五代時與猛火油俱充貢謂薔薇水云

## 片腦

片腦產暹羅諸國惟佛打泥者爲上其樹高者三二丈葉如槐而小皮理類沙柳腦則其皮間凝液也好生窮谷島夷以鉅付犺就谷中尺斷而出剢而採之有大如指厚如

二靑錢者香味淸烈瑩潔可愛謂之梅花片鬻至中國擅
翔價焉復有數種亦堪入藥乃其次耳

石蜜

凡海山巖穴野蜂窠焉釀蜜無收採者草間石罅在在泛
溢拋露日久必宿蛇虺之毒舶人遭難入山者雖草木魚
蝦之屬糝以胡椒熟而食之無害也脫遇石蜜以爲甘而
過食必大霍亂而死可不愼諸

伽南香

香品雜出海上諸山盖香木枝柯竅露者木立死而本存
者氣性皆溫故爲大螘所穴螘食石蜜歸而遺於香中歲

久漸漬木受蜜氣結而堅潤則香成矣其香本未死蜜氣復老者謂之生結上也木死本存蜜氣凝於枯根潤若餳片謂之糖結次也其稱虎斑結金絲結者歲月既淺木蜜之氣尚未融化木性多而香味少斯爲下耳諸香惟此種不堪入藥故本草不錄近世士夫以制帶銙率多湊合頗若天成純全者難得耳

## 辟珠

辟珠大者如指頂次如菩提子次如黍粟質理堅重如貝辟銅鐵者銅鐵不能損辟竹木者竹木不能損犯以他物即毀矣常附胎於椰子檳榔果殼之實之內逼謂之聖鐵

島夷能辨之故以爲奇寶也夫威喜辟兵舍利拒火而此珠出於草木乃能制犀利之物無亦庶類精華之所融結邪然皆中國未之或見也所謂鍾於物而不鍾於人者茲亦一佐邪

蓬蓬奈

蓬蓬奈華言破肚子盖果實也產於暹羅之崛隴如大棗而青島夷日乾以附遠漬以沸汁其皮自脫圓滿如大李肉潤膩如紅酥甘美可餤亦珍味云

海語卷中

# 海語卷下

鐵橋病叟　黄衷　著
浦江周心如幼海校栞

## 畏途

### 崐崘山

山在大佛靈南凡七嶼七港是謂七門其旁洲嶼皆翼然環列適諸國者此其標也其山多兕犀野馬巨䗲異蛇大木復多平川沃壤數百頃椰樹駢生墮實彌谷冬瓜延蔓蒼藤徑寸實長三四尺大踰一圍糜腐若泥淖然船欲樵蘇非百八不敢卽往老估嘗鑱崖壁識嶮以示防云

分水

分水在占城之外羅海中沙嶼隱隱如門限延綿横亘不知其幾百里巨浪拍天異於常海由馬鞍山抵舊港東注爲諸番之路西注爲朱崖儋耳之路天地設險以域華夷者也由外羅歷大佛靈以至崑崙山自朔至望潮東旋而西旣望至晦卽西旋而東此又海中潮汐之變也惟老於操舟者乃能察而慎之

萬里石塘

萬里石塘在烏瀦獨瀦二洋之東陰風晦景不類人世其産多硨磲其鳥多鬼車九首者四三首者漫散海際悲號

之音聒聒聞數里雖愚夫悍卒靡不慘顏沾襟者舵師脫小失勢誤落石汊數百艘皆鬼錄矣

萬里長沙

萬里長沙在萬里石塘東南即西南夷之流沙河也弱水出其南風沙獵獵晴日望之如盛雪船誤衝其際即膠不可脫必幸東南風勁乃免陷溺

鐵板沙

成化二十一年乙巳　憲廟遣給事中林榮行人黃乾亨備封冊之禮以如占城官治大船一艘凡大船之行用小艚船一選熟於洋道者數十人駕而前謂之頭領大船之

後繫二小船以便樵汲且以防虞謂之快馬亦謂脚艇是役也軍民之在行者千人物貨太重而火長又昧於經路次交阯之占壁囉誤觸鐵板沙船壞二使溺焉軍民死者十九尹里中有麥福者同七十餘人奪一脚艇棹至崖側巨浪歘蕩衆懼捨舟而登山回望大船覆處近如席前洪濤瀾汗惟敗篋破甑出沒于其間數百人者漚滅無踪衆皆長慟於是晝行夜伏捕蛇鼠捨草木之實而啖風雨晦冥石妖木魅千奇萬怪來侮來狎悉難名狀且已忘甲子惟視月弦望以驗時日會未浹旬死者强半存者二十四人復已缺食二日蹣跚冥行悵入空谷谷中石窟寬坦如

堂有草葉如廣之水蕉掘之根類蹲鴟而大競取以食喉間微覺苦澀餘味如葛識者曰此非惡草也第未經風日水土氣作苦澀味耳乃曝之日中衆亦偃息石窟已皆酣寢比寤曉星煌煌矣遲明敲火燃草取所曝日中者煨而食之味轉香滑晨進一枚飢渴俱弭相率肆力而採頃之根裔都盡窟居二日體力完健乃人負數枚復沿水際而行俄聞谿中人語至見島夷數輩乘三小船循谿搜撈段帛諸物有諳夷語者詢之乃交阯占城二國之交徼巡船也二船酋長聞是覆溺之餘爲之隱惻各取十二人共載以歸二國夷王謂天朝人民館穀如禮於是占城遣人以

二使來訃廣中始知大舶汩没守臣以聞二使均荷恤䘏
又踰年二國始具海舟資送諸人以還蓋同日達廣也逆
計阽危之日至是已二年矣麥福自言向在占城旅次月
夕夢還其家見三道士設水陸醮聞其妻哭聲而寤福於
枕上亦哭同寢詰之語之夢無不酸鼻者次年抵家見其
妻髽而麻衣筵几儼然夫婦相持悲喜交集詢其妻云凶
聞至時爲丙午六月晦初猶未信既而審然七月望始倩
道流招魂而葬月夕之夢無乃是乎吁人之遊魂夕數千
里不旣神乎鐵橋子曰甚哉利之戕賊也窮荒絶徼無不
競焉二使銜命遠適異域不幸而溺厥職固在諸衆人者

何為者哉緣刀錐之末蹈不測之淵以飽鯨鱷非溺海也利溺焉耳予故紀之以為犯險倖利者之鑒其稱狀類蹲鴟者不知其為何草也俾托根於通都名嶠得岐黃為之品第功豈下於重樓三秀者哉兹乃淪於裔夷廣莫之野獲濟者僅二十四人才而不效嗚呼惜也雖然幽人空谷古盖有之

## 物怪

### 海和尚

海和尚人首鱉身足差長而無甲舟行遇者率虞不利弘治初吾廣督學大僉淮陽韋彥質先生將視學瓊州陞至

徐聞方登海舟此物升鷁首而蹲舉舟皆泣謂有魚腹之憂議將禳之先生方嚴人不敢白也詰旦抵瓊留十許日試士都畢泛海而還若履平地後遷福建憲副歸卒于家語曰妖不勝德

## 海神

風柔浪恬島嶼晴媚倏然紅旗整整擁浪而馳迅若激電火長即焚香長跪率衆而拜曰此海神遊也整整紅旗者夜叉隊也遇者吉矣

## 鬼船

海舶相遇火長必舉火以相物色日影向西或三或兩帆

檣樓舵首尾間鈌下上欹側掠浪衝突此擧火而彼不應者知鬼舶也亟乃披髮擲米拋紙而厭勝之

飛頭蠻

飛頭蠻亦海山中鬼物也居處嗜好與人無別夜則其首飛去順竇穢物歸則身首屬而嚥之惟頷下微痕如紅線耳暹羅島夷有娶婦得此者其夫惡之或教以俟其首去置身于地以小刀刺喉頸間頃之首歸不合宛轉而死夷僧云是必素違誓約鬼罰乃爾然予偶記小說云某人家生一子自然無首則飛頭者豈亦沴氣適然所鍾邪

人魚

人魚長四尺許體髮牝牡人也惟背有短鬛微紅耳間出沙汭亦能媚人舶行遇者必作法禳厭惡其爲祟故也昔人有使高麗者偶泊一港適見婦人仰臥水際顱髮蓬短手足蠕動使者識之謂左右曰此人魚也慎毋傷之令以楫扶至海中噀波而逝

蛇異

弘治間有船欲販於占城者船中二十人將即山而薪是夜船主夢神語之曰明日斫山須多裹鹽也寤而異焉以語諸薪者或笑或不信船主曰第人負十許斤何礙衆從之乃乘二快馬卽山山麓石潭深不可測二十人者分朋

而攻日影西山下聲殷殷如雷衆謂天日高晴何以有此
是必有異升木而伺俄有巨蛇蜿蜒幾五步其色玄黑兩
目如炬山巔奮迅而下沒于潭如雷者乃觸石崩隕之聲
也有蜈蚣長可七尺騰躍而逐之旋潭踆踆尾端毒沫時
時射潭內水色變如油抵暮潭面火燄高尺許船人熟視
乃自蜈蚣甲間出夜分循山而去光爗爗燭山谷遲明下
山觀之蛇蹉跼死潭間衆方驚喜曰裹鹽之夢實神貺也
乃以藤纜聯巨鐵鉤引蛇出平野剝其皮厚如黃牛之革
骨節中螫曰醃其肉殆滿船腹衆乃輟薪載蛇以回船島
夷之船或過而見其皮問何從得之為價幾何船主紿曰

五十金島夷付之不較復問肉價幾何曰百金又付之不較易載將發舶主謂島夷曰若何急此爲也島夷笑曰漢兒不識寶耳是乃龍也其皮鞔鼓聲聞二十里此皮中七鼓一鼓卽償今値易易也肉以爲鮓貨于國中且不知値又幾倍矣舶主懊恨自謂其不善賈也鐵橋子曰物遇乃貴是何足歎哉語云螣蛇游霧而殆於卽且氣固有相制也夫

龍變

岡瀕海州也環海皆崇山其民多以樵採爲業昔有樵者三十餘輩駕二白艚涉海而斮薪午將及岸遥望巨物青

黑如蛇垂首山脊其角巇巇也衆人驚相召曰蚺蛇吞鹿矣彼利得鹿吾利得蚺耳棹歌踴躍而前維舟山麓以梃與刃譟而爭先比至山半陰雲四合雷電大作雨雹石注樵者怖散莫知所之頃之天日開霽崩崖拔木彌溢山谷樵人血額裂趾者纍纍而集顧見二白艚閣罝樹杪攀木而升則雨雹滿載惟米鹽衣被畧無所損乃取米若釜爲糜而食越數日別艚踵至衆乃得歸鐵橋子曰事固有似利而實害者樵也烏足以知之然鬼神戲人類是多矣

石妖

妖出峴屼山魈亦陰精也昔漳人有販船者偕伴數十薪

于山中崖間石壁可鑿漳人袒負石立俄有婦從石隙出态態姝麗殊非蠻島所有漳人與語媚之迷惑忘返遂伉儷焉婦日獻草木實殊形異色味皆甘脆遂巳饑渴乃導漳人葺茅以居繞舍蒔美竹踰時即長林鬱鬱無復寒暑漳人時從婦陟巘求食每遭猛獸鬼物婦身爲蔽翼以免習見毋怪亦毋恐也婦又教之驗草木榮落以記時歲漳人安之是生二子不自知其流落海嶼間也所閱草木凡五榮落婦或他出漳人獨居忽聞伐竹聲往視乃船樵也中有舊侶二輩即鄉思油然向舶人道所以請共載以歸舊侶乃匿之舟中婦挾二雛追至沙漵侏㒧之聲如怨如

詈擲二雛於水號噭而去漳人登舶竟瘖不能語

海語卷下 終

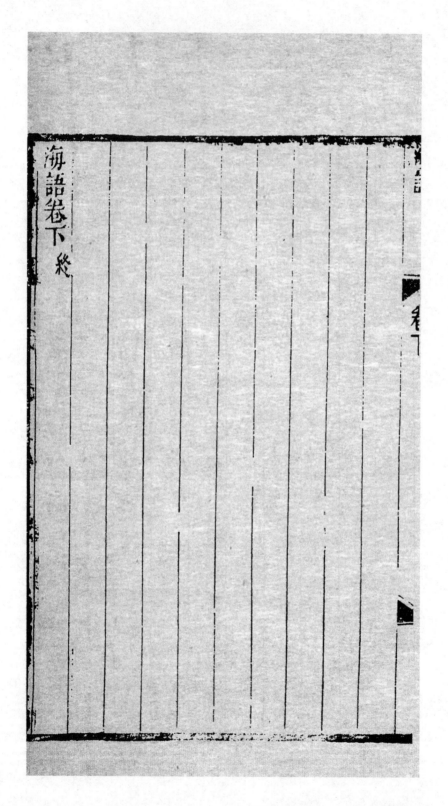

# 跋

海語者語海者也曰暹羅曰滿剌加者南海之國舶販所逼也余叔鐵橋公以致政之暇閒與海客談談而核者書之否者去之得若干卷分四類焉夫地以名諸其國也川谷異制則民生異俗惟政惟俗可以審夷情故首之以風俗俗以民異有民必有物記曰鸜鵒不踰濟貉不踰汶橘踰淮而北爲枳況裔夷乎故次之以物產民物往來道有所必經危者使平易者使傾故次之以畏途畏者險也險遠無人之境怪異生焉故次之以物怪夫怪生於罕而止於習者也墳羊之辨傍齒之識其可少哉或者不知以爲

漫陳海事非也嘗稽古大傳之紀四瀆將無同歟說者曰瀆者通也所以通中國垢濁民陵居殖五穀也江者貢也珍物可貢獻也河者播爲九流出龍圖也淮者均均其務也濟者齊齊其度量也海國雖非若冀之島徐之淮固亦與歲貢■王之事古志遠矣顧可無是作耶今讀之其事核其文直間復爲之論斷曲而中焉信可傳矣或曰公之文章德政滿天下孰先傳焉曰是則然當有舉其全者然亦可見公之一言一默莫不在人也斯以談海獨不知海乎禮曰三王之祭川也先河而後海夫河非海之全也而獨先焉則公之文章德政學之海也卽是亦可觀爾周[illegible]

以傳以俟夫善觀於海者

嘉靖龍集丁酉仲春吉日族子延年頓首謹書

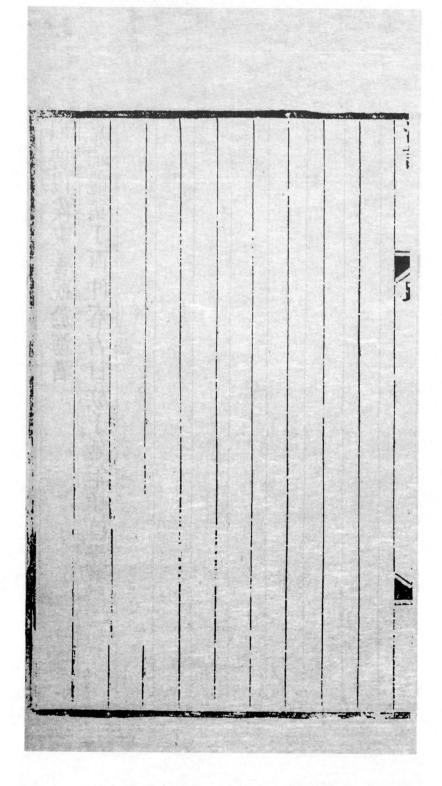

# 臺海見聞録

# 臺海見聞録

二卷

〔清〕董天工 撰

清抄本

# 臺海見聞録卷一

崇安　董天工　典齋

## 山川

臺山自福省五虎門蜿蜒渡海東至大洋中有一山曰關潼白畎是臺地諸山之太祖也隱伏波濤穿海渡洋至臺之雞籠山始結一頂磅礴千餘里或山谷或平地諸山屹峙不可紀極大約臺山背東溟面西海其地形如半月郡邑居其中木岡山為郡之少祖在府治東北一百三十里巍峩聳拔雲霧掩罩天清頂見山南三十餘里為臺灣縣

治自木岡山南至沙馬磯頭山在府治西南四百六十里其西盡大海其東北為鳳山縣治自木岡山北至玉案山其西北三十里為諸羅縣治自玉案山北至大武郡山其西北四十里為彰化縣治自大武郡山北至雞籠鼻頭山在府治東北六百三十里其北盡大海其西南三百五十里為淡水廳治大海環繞遠通江浙粵東近為閩省外障澎湖為門户鹿耳為明喉加以七鯤身毗連環護誠天設之險其山皆向内北路之後壠港與興化南日對峙後壠而上之竹塹與海壇對峙竹塹而上之南嵌與福州閩安

鎮對峙自南嵌至上淡水與北茭相望淡水至雞籠城與沙埕烽火門相望澎湖憑山環海有五十嶼巨細相間迴環五十五澳

文獻通考云琉球國在泉州之東有島曰澎湖烟火相望水行五日而至旁有毘舍耶一作那國語言不通袒裸盱睢殆非人類喜鐵器臨敵用鏢以繩十餘丈為操縱蓋愛其鐵不忍棄按澎湖東南即今臺灣其情狀相似殆即毘舍耶國也

蓉洲文稿云臺灣海中番島名山藏所謂乾坤東港華嚴

婆娑洋世界名為雞籠考其源則琉球之餘種自哈喇分支近通日本遠接呂宋控南澳阻銅山以澎湖為外援明萬曆間海寇顏思齊踞有其地始稱臺灣思齊剽掠海上倚為巢窟臺灣有中國民自思齊始

大海洪波止分順逆凡往異域順勢而行惟廈抵臺名曰横洋中有黑水溝色如墨曰墨洋驚濤鼎沸險冠諸海或言順流而東則為弱水昔有閩船飄至弱水之東閱十二年始得還東土

海吼谷呼海吽小吼如擊花羯鼓點點作撒豆聲乍遠乍

近若斷若連大吼如萬馬奔騰鉦鼓響震三峽崩流萬影共沸吼時雲氣漸興風雨不旋踵至矣海上人曰是雨徵也若冬月吼常不雨多主風

厦門至澎湖水程七更澎湖至鹿耳門水程五更約六十里為一更往來船隻以澎湖為關津行舟以北極星為準黑夜無星可憑則以指南車按定子午格巽向而行倘或子午稍錯南犯呂宋或暹羅或交趾北則飄蕩莫知所之至若鹿耳門北至雞籠十九更自鹿耳門南至沙馬磯頭十一更苟遇颶風北則墜於南風炁一去不復返南則入

於萬水朝東皆極險阻此來臺者之不可不知也

稗海紀遊云淡水登舟半日即望見官塘山（即關潼山）自官塘抵定海行大海中五六十里至五虎門兩山對峙勢甚雄險為閩省門戶門外風力鼓盪舟甚顛越既入門靜綠淵停與門外迥別更進為城頭（上音亭頭）十里至閩安鎮數十里至南臺大橋

續文獻通考云水至澎湖漸低近琉球謂之落漈漈者水趨下而不回也凡西岸漁舟到澎湖以下遇颶風發漂流落漈回者百無一

鹿耳門南北兩岸鐵板紗線橫伏水底舟觸立碎出入僅容三舟土人標示其港名曰盪纓入門候潮長水深丈四五尺揩帆起舵而進潮退不及一丈不能進有東北風作從澎湖放洋不半日可到門

海上黑夜不見一物則擊水以視一擊而水光飛濺如明珠十斛傾散水面晶光熒熒良久始滅亦奇觀也

瀛壖百咏云暗澳相傳在臺灣東北昔紅毛泊舟其地無晝夜山明水秀萬花爛熳無居人心羨之留二百人居焉次年復至則山中昏黑如夜所留番無一存者取火索之

見石上題云至秋戌夜至春始見黑時俱屬鬼怪因漸次
以亡蓋一年一晝夜云
魁斗山在臺灣府學對朝張巡方鷺洲有詩云近接宮牆
數仞高星光磊落起文豪問名已列魁三象分派應知海
一鼇
玉山在諸羅三峯並列無遠不見冬末春初風清無塵日
暉映射晶瑩耀目如雪如冰如瀑如練瞬息雲起如隱紗
籠傳言此山渾然美玉生番既不知外人又莫敢向取
赤山在諸羅山頂時出火置薪其上則煙起康熙癸卯我

師進港出火三條如彩虹亘天至三日夜乃散

打鼓山在鳳山傳林道乾妹埋金山上入山樵採者時或見金若懷歸迷不得路疑有山靈呵護云

硫黃山在淡水內北投山腰白氣如雲觸腦欲裂周廣數十畝如一火沸鑊跳珠噴濺出地尺許近穴處上石皆熱色如蜜蠟名曰磺花

水沙連在彰化東北番境四圍大山自山口入為潭廣可七八里周二十里中突一嶼圓淨開爽番繞以居架竹木承土以種稻謂之浮田欲至社舉火為號番划蟒甲以渡

蓋海外一洞天也

大甲溪在彰化北溪濶水急水底皆圓石苔蒙其上不可駐足秋漲尤險阮蔡文有詩云水方沒脛已難行水至腰間命呼吸

劍潭在淡水潭畔有加冬樹高聳蔽天圍合抱相傳荷蘭開鑿時插劍於樹樹忽生皮包劍於內不可復見

龍潭在臺灣縣永康里綿延二十餘里取水禱雨輒應中多鯽魚又名鯽魚潭

蓮池潭在鳳山學宮前潭水澄清中植荷花香聞數里

## 建置

臺灣去福州一千二百六十里古荒服地未隸中國明宣德間太監王三保（通志作鄭和）舟下西洋因風泊此嘉靖二十四年林道乾寇亂邊海都督俞大猷逐道乾入臺偵知港道紆迴不敢進留偏師駐澎湖時哨鹿耳門外道乾以臺非久居恣殺土番取膏血造舟從安平鎮二鯤身隙間遁去占城（占城屬廣南今尚有道乾遺種）道乾既遁澎之駐師亦罷因設巡檢守之尋裁天啟元年漢人顏思齊為東洋國甲螺（東洋即日本國甲螺頭目之名）引倭屯於臺鄭芝龍附之尋棄去久之荷蘭舟

遺颶風飄此處其地借居於土番不可乃紿之曰得一牛皮地足矣多金不惜遂許之荷蘭剪牛皮如縷周匝數十丈築赤嵌樓居之（今府城内）復築紅毛城於一鯤身上（今安平鎮）設市於城外而漳泉之商賈集焉迨

國朝順治十六年鄭芝龍子成功由海道犯江寧敗歸孤軍廈門適甲螺何斌負債逃廈誘成功取臺地舟至鹿耳門乘大霧駢進荷蘭歸一王以死拒戰成功告之曰此地先人故物今珍寶聽而載歸地仍還我荷蘭知不敵乃遁去成功遂入據之改臺灣為安平鎮赤嵌為承天府總名東

都設二縣曰天興曰萬年康熙元年成功死子經改東都
為東寧二縣為二州設安撫司三南北路澎湖各一二十
一年福建制府姚公啟聖用閒諜陰散其黨約偽賓客司
傅為霖為内應垂成事洩為霖遇害二十二年水師都督
施公琅統征六月由銅山直抵澎湖入罩澳取虎井桶盤
嶼戒軍士毋得妄殺軍士苦水鹹島岸突湧甘泉遂無渴
患一戰而澎湖平經死子克塽震懾遂籍府庫納地歸誠
二十三年廷議府一曰臺灣隸福建布政使司領縣三廳
一曰臺灣鳳山諸羅臺防雍正元年增設縣一曰彰化并

增設淡水廳五年增設澎湖廳今領四縣三廳

赤嵌筆談云臺地初闢原卜築城於永康里後不行鳳諸二縣各築土堡郡治居民亦欲倣而行之西南臨海議自南下林子土墼埕鬼子山舂牛埔上帝廟坑中營埔

萬壽亭中樓子北教場直至北海尾將南北東三面圍築堡牆約高一丈底寬一丈八尺上寬一丈每丈用土十四方牆頂高三尺寬一尺五寸用土半方共土十四方半每丈八層每層用茅竿草四擔共三十二擔牆長一千七百八十丈每丈約費銀六兩八錢零計共需銀一萬二千二百

四十六兩有奇

雍正十一年

上諭從前鄂彌達條奏臺灣地方僻處海中向無城池宜建築城垣砲臺以資保障經大學士等議覆令福建督撫妥議具奏今據郝玉麟等奏稱臺灣建城工費浩繁臣等再四思維或可因地制宜先於見定城基之外買備刺竹栽植數層根深蟠結可資捍衛再於刺竹圍內建造城垣工作亦易興舉等語朕覽郝玉麟等所奏不過慮其地濱大海土疏沙浮工費浩繁城工非易故有莿竹藩籬之議殊

不知城垣之設所以防外患如必當建城雖重費何惜而臺灣變亂率皆自內生非禦外寇比不但城可以不建且建城寔有所不可也臺郡門戶曰鹿耳門與府治近號稱天險港容三舟旁皆巨石峯棱如劍戟舟行失尺寸頃刻沉沒內設砲臺可恃以為固其法最善從前平定鄭克塽朱一貴皆乘風潮舟行入港水高港平衆艘奔赴無所阻碍大兵一入即獲安平港之巨舟賊無去路而據其府市人民南北路商賈一聞官軍至絡繹捆載而來相依以自保物力既充軍氣自倍賊進不能勝退無可守各鳥獸散

終無所逃遁故旬日可以坐定向使賊衆有城可據收府市人民財物以自固大兵雖入攻之不拔坐守安平曠日相持克敵不易蓋重洋形勢與內地異此即明效大驗固未可更議建制也若謂臺灣築城即以禦臺灣外寇是又不然從前兩征臺灣皆先整兵泊舟於澎湖以南風澳以候風潮之便歲不過一時時不過數日若盜賊竊發或外番窺伺泊舟澎湖則夕至而朝捕之至南北二路可通之地雖多然如南路之蟯港北路之八掌溪海豐港鹿子港大甲二林三林中港竹塹蓬山惟小船可入其巨港六舟

可入者可通南路之打鼓東港北路之上淡水其次則北路之笨港鹹水港去府治較遠縱有外寇亦不敢道於此偹設砲臺派撥汛兵朝夕廵視自足以資控禦今郝玉麟等請於見定城基之外栽種刺竹藉為籓籬是因地制宜甚有裨益其淡水等處砲臺務須建造各屬並應增修不可惜費省工或致潦草應如何舉行之處著郝玉麟趙國麟妥協定議具奏欽此續據該督郝玉麟等題准臺灣府治自小北門起至南水門止俱屬沙土堪以栽種刺竹其西面一帶廹臨海濱潮汐往来難以種竹應建大砲臺兩

座設立鼓臺城門望樓等項至府治西北一方見有鎮營
駐劄營盤惟東南一處並未設立議於大東門內設立營
盤一處小南門邊設立營盤一處仍與各營盤一體圍植
刺竹并南路之茄藤港等處建砲臺十座府治西面一帶
砲臺空隙處所設立木柵以資捍蔽治稿

海會寺郡北關外五里原為鄭別業康熙二十九年改為
寺近有僧石峯壁間多咏白菊句張巡方有詩云歌羅臺
姬易梵腔層樓煙際晚鐘撞吟詩賭奕公稀到閑煞孤僧
白菊牕

竹溪寺徑曲林深溪山環拱可稱勝致寺門榜曰小西天距郡二里許

夢蝶園在郡小南門外漳人李茂春遯跡來臺搆茅亭以名今為法華寺

李氏閣在郡小東門外近先農壇李某築小亭曰聚星綠疇四繞青嶂當窗臺地官僚省耕皆憩於此

## 官制

巡視臺灣監察御史滿漢各一員康熙六十年設

提督學政舊係臺灣道兼攝雍正五年改歸漢御史兼理

分巡臺灣道一員兼督船政舊為臺廈兵備道兼理學政康熙六十年改為臺廈道雍正五年學政歸漢察院雍正六年改為臺灣道

知府一員總滙四縣刑名錢穀兼支放兵餉經理鹺政

臺防同知一員專司稽查鹿耳門海口兼督臺鳳諸三縣捕務

淡水同知一員雍正元年添設稽查北路兼督彰化捕務雍正九年劃大甲溪以北刑名錢穀歸理

澎湖通判一員稽查船隻曾理錢穀遇刑名事件仍歸臺府審結舊係巡檢所轄雍正五年改設

臺灣縣知縣一員

鳳山縣知縣一員

諸羅縣知縣一員

[illegible][illegible]錄　卷一

彰化縣知縣一員雍正元年新設

臺灣府學教授一員

訓導一員雍正十一年添設

臺灣縣學教諭一員

訓導一員雍正十一年添設

鳳山縣學教諭一員

訓導一員雍正十一年添設

諸羅縣學教諭一員

訓導一員雍正十一年添設

彰化縣學教諭一員
訓導一員雍正十一年添設
府首領官經歷一員兼司獄務
臺灣縣縣丞一員雍正九年分駐羅漢內門稽查地方
鳳山縣縣丞一員雍正九年新設分駐萬丹稽查地方
諸羅縣縣丞一員雍正九年新設分駐笨港稽查地方兼省船隻
臺灣縣新港巡檢一員稽查地方兼查大港口船隻
鳳山縣淡水巡檢一員稽查地方兼查東港船隻
諸羅縣佳里興巡檢一員分駐鹹水港稽查地方兼查船

[illegible]

彰化縣鹿子港巡檢一員雍正九年新設稽查地方兼查船隻

彰化縣貓霧捒巡檢一員雍正九年新設稽查地方

淡水竹塹巡檢一員雍正九年新設稽查地方兼司獄務

淡水八里坌巡檢一員雍正九年新設稽查地方

臺灣縣典史一員

鳳山縣典史一員

諸羅縣典史一員

彰化縣典史一員雍正元年新設

以上四員俱隨堂司捕獄事務

文職共三十六員

## 營制

臺灣鎮標中左右三營

掛印總兵官一員（駐劄府治鎮北方雍正十一年議准照山陝沿邊例為掛印總兵給方印）

中營中軍遊擊一員（駐府治中路口）守備一員（中營署右）千總二員

把總四員　步戰守兵九百一十名

左營遊擊一員（駐府治北路口）守備一員（駐鎮北方）千總二員

把總四員　步戰守兵九百三十名

右營遊擊一員（駐府治南路口）守備一員（府治東門）千總二員

把總四員　步戰守兵九百三十名

東□錄　卷一

臺灣城守營左右二軍雍正十一年添設

參將一員駐防府治北門內

左軍守備一員駐防岡山千總一員　把總二員

步戰守兵五百名

右軍守備一員駐防下茄冬千總一員駐防府治把總二員

步戰守兵五百名

南路營

參將一員駐防鳳山縣　都司一員駐防下淡水守備一員駐防營後

千總三員　把總六員　步戰守兵一千五百名

北路協標中左右三營原止一營雍正十一年分設

副將一員原係參將駐劄諸羅縣雍正十一年改設駐劄彰化縣

中軍都司一員駐劄彰化

左營守備一員駐防諸羅縣

右營守備一員駐防竹塹 千總六員 把總十二員

步戰守兵二千四百名

淡水營

都司一員駐防淡水港 千總一員駐防淡水港 把總二員

步戰守兵五百名

安平水師協標中左右三營

副將一員駐劄安平

中營遊擊一員駐防安平守備一員本營內千總二員

把總四員　步戰守兵八百五十名　戰船十九隻

左營遊擊一員駐防安平守備一員本營內千總二員

把總四員　步戰守兵八百名　戰船十八隻

右營遊擊一員駐防安平守備一員本營內千總二員

把總四員　步戰守兵八百五十名　戰船十九隻

澎湖水師協標左右二營

副將一員駐劄澎湖

左營遊擊一員駐防媽宮澳守備一員本營署東千總二員

把總四員步戰守兵一千名戰船十八隻

右營遊擊一員駐防媽宮澳守備一員本營署東千總二員

把總四員步戰守兵一千名戰船十八隻

武職共一百一十四員步戰守兵共一萬二千六百七

十名戰船九十二隻

條例

康熙三十年奉

旨臺灣各官自道員以下教職以上俱照廣西南寧等府例將品級相當現任官員內揀選調補三年俸滿即陞雍正七年議准臺灣道府同知通判知縣到任一年令該督撫於閩省內揀選賢能之員到臺協辦半年之後回內地補用政優者准加二級稱職者准加一級

雍正八年奏准嗣後調臺各員到任二年該督撫另選賢能赴臺協辦半年之後將舊員調回

雍正十一年覆准臺灣道員准其照協鎮之例三年報滿知府同知通判知縣准其照叅將等官之例二年報滿協

辦人員半年之後令各員交代清楚回至內地該督撫照
例察核分別具題如果寔心辦理地方寧謐俱准以應陞
之缺即用其道府應陞之缺給咨赴部引
見候
旨陞用同知通判知縣俱留於本省遇有應陞缺出該督撫
即行具題陞補
乾隆八年議准嗣後臺灣府廳縣准其照道員佐雜教職
等官一體三年期滿報明該督撫照例具題分別陞用免
其留臺協辦

又議准臺灣訓導三年報滿以縣丞府經歷等官陞用如
該員俸次應陞學正教諭吏部截定俸次該督撫挨次論
俸陞

武職定例總兵官三年俸滿請
旨陞　見副將三年俸滿給咨引
見叅將遊擊都司守備二年限滿咨部推轉千總把總三年
限滿赴省候文推補其兵丁由內地三年撥班抽換不准
就地推補

康熙六十年議准嗣後文武大小官員不許帶眷往臺雍

正十二年總督郝玉麟奏准調臺官員年逾四十無子者
准其挈眷過臺

## 武備

雍正十一年總督郝玉麟奏准臺屬民壯俱係無賴流寓之人每多滋事擾害良民除原撥澎湖通判臺灣府經歷臺鳳諸彰四縣典史民壯共四十四名照舊存留供役外其道府同知知縣共民壯三百五十六名悉行革退編入保甲將原給器械追繳貯官即於鎮標營兵内酌量撥給道員二十四名知府二十名臺同知十五名淡同知二十

四名臺鳳諸彰四縣各二十名以資護衛巡查
圖書編云澎湖遠在海外內澳可容千艘周遭平山為障
止一隘口進不得方舟令賊得先據所謂一夫守險千人
不能過者也矧山水多礁風信不常吾之戰艦難久泊矣
而曰可以攻者吾也往民居恃險為不軌乃徙而虛其地
今不可以民寔之明矣若分兵以守則兵分為弱遠輸為
費且絕島孤懸混茫萬頃脫輸不足而援後時是委軍以
予敵也而曰可以守者吾也亦嘗測其水勢沉舟則不盡
其深輸石則難扞其急而曰可以塞者亦非也惟峻棱濟

之防而數陳整旅以需其至則賊既失其所恃詎能為久
頓謀哉
東寧政事集云南路自大岡山以下至下淡水瑯嶠社北
路自木岡山以上至上淡水雞籠城其間如鳳山傀儡山
諸羅山半線山皆扼野番之衝為陸汛所必防如下淡水
硫磺溪大線頭鹿子港皆當入海之道為水汛所必守至
雞籠淡水乃臺灣極北之島突處海中毗連番社後壠一
港與南日對峙即興化港口也後壠而上一百二十里為
竹塹社對海壇鎮竹塹而上一百五十里為南嵌社對峙

東閩錄　卷一

閩達即福州閩安港口自南嶴至上淡水七十里對比膠淡水至雞籠三百里對沙埕烽火門皆浙江省界也大洋之外紅夷出入之路而又遠隔郡城港道四達往來一帆直上偽鄭設重兵於彼雖曰遠禦紅夷寔恐我師從福興分出以襲其後也雞籠至閩安不過七八更水程若閩安興化等港聽商人往来貿易非止利源通裕萬一意外之警則厦門澎湖之師以應其前福泉興化之船以應其後首尾呼應緩急可恃

理臺末議云臺灣在福建之東南地隔重洋形勢延袤可

至者凡十六七百里外此則生番所居與熟番阻絕遠望
皆大山疊嶂莫知紀極可以置而不議府治南北千有餘
里越港即水師安平鎮人有七鯤身沙線潮平可通安平
港內為水師戰艘商民舟楫止宿之地港名鹿耳門出入
僅容三舟在右皆沙石淺淤為此臺灣之內門戶也衡渡
至澎湖島嶼錯落有名號者三十六島澎湖溝底皆大石
參錯凡港泊有南風北風二者殊澳此臺灣之外門戶也
然臺灣之可通大舟者尚有南路之打鼓及東港北路之
上淡水凡三處而惟上淡水可容多船港門為正也其可

入閩録　卷一

通小船者尚有南路之蟯港北路之鹹水港及八掌溪笨港海豐港鹿子港大甲西二林三林中港竹塹蓬山凡十二處而笨港并有小港可通鹿耳門內即名馬沙溝是也總之臺灣三路俱可登岸而惟鹿耳門為用武必爭之地者以入港即可以奪安平而抗府治也奪安平則舟楫皆在港內所以斷其出海之路抗府治則足以號令南北二路而絕依附之門故一入鹿耳門而臺灣之全勢舉矣或云鹿耳門為天險門戶而又上設礮臺防亦密矣萬一攻之不入兵法有攻堅而瑕者亦堅其謂之何不知由北路

之上淡水進兵所謂行師如過於衽席之上者謀非不臧也而不知由北路進兵則其勢主緩緩則必以衆而臨寡以強而併弱由鹿耳門而進兵則其勢主捷捷則有以反主客之形成控制之師而且要平不據澎湖尚孤彼賊徒者急而揚帆不無他虞也是故規臺灣之形勢而必講明於得入鹿耳門之要為最急

臺灣水陸制兵盈萬費綦重矣乃澎湖安平之兵居其半水師汛重不容以裁減臺灣之兵居其半陸路汛廣又不得不議增然有可節省之道至便之術亦持籌者所必講

也臺灣原有官莊即可為屯田其佃即可為屯兵不過加以訓練明其節制或倣古者耕七調三或立在要地屯守寓兵於農之中非特兵無跋涉歲免度支已也歷觀名臣奏議所用守邊之衆多取土著以土著宜於水土明於地勢而又欲自保其身家則守禦必周且聞名將用兵有取農人號為生力兵則以性質椎魯手足強健雖風雨奔馳可無倦乏耳今議舊設制兵仍用內地更代增設之兵就臺另立屯田可以相資則兵力愈強而巡防彌周矣同上

陸師重馬力水師重舟力戰陣之時務爭上風而運轉不

靈不能占居上風壓持不重或反退居下風此雖人力全
在良舟然匠人為舟固守繩尺及駕中流而快利遲鈍之
用乃是同時發棹而前後入港之日頓殊者何也蓋木之
本質不類如鹽木為舵遇波濤乃不搖動餘則否輕重亦異木老則堅而必重否則輕
得良材輕重配合如人一身筋骨相配然後善於運動也
故水師必講於造舟者此其一也水師之灣泊猶陸師之
安營凡水師不能於外洋覓戰皆於近港交鋒所以灣泊
之處即是戰爭之場我舟先至利在居要以爭上風然風
信難憑透發之後往往轉變先要泊穩倘一灣中有南風

澳北風澳不同則寧泊南風澳以待此又老將之持重不可執一而論也故水師必明於灣泊者此其一也水師之入港猶陸師之克城凡港門為賊所守而險隘尤為賊所持兵法有挾制其險而攻其虛之說以險處多虛故險可制而虛可攻耳故水師必詳於入港者此其一也此水師之大概也而其要在機曰扼要曰伺隙曰察變曰虛中四者夫扼要則握其權矣伺隙則分其力矣察變則奪其守矣虛中則避其害矣此所以能於衽席之上以過吾師克期取敵無疑也要而言之師之用在舟舟之用在水水之

用在風舟與師相習風與水相遭其用在於變而通之以盡利神而明之存乎其人同上

## 船政

臺海使槎錄云臺澎各標營船初俱分派通省內地廳員修造康熙三十四年改歸內地州縣其尚可修整而不堪駕駛者內地之員辦用工料赴臺興修迨接糧議派臺屬三縣亦分修數隻此非偏庇臺屬以內地各廠員多力分工料俱便不煩運載可以尅期報竣後必在近道府監修統計闔省船隻勻派通省道府乃將臺澎九十八船內派

臺灣道府各十八隻餘俱派入內地既而仍歸內地修造惟未至朽爛而不堪駕駛者留臺修補至康熙四十四五年間仍俱改歸臺屬而派府船數倍於道令其與福州府分修議於部價津貼運費外每船捐貼百五十金續交鹽糧廳代修其半道鎮協營廳縣共襄厥事迨後專責知府并將道船亦歸於府雍正三年兩江總督查弼納題准設立總廠於通達江湖之所百貨聚集鳩工辦料均屬省便每年派道員監督領銀修造再派副將或參將一員公同監視務節浮費均歸寔用部價不敷銀兩歷來州縣協貼

仍應如舊復經總督滿保會題將臺澎戰船九十八隻於臺灣設廠委令臺道臺協監督脩造於是各船盡歸臺廠而道協之責任獨重矣

條例

購造海船先赴各該縣報明驗量樑頭長短廣深填明印烙取澳里族鄰行保結狀給照聽其出洋貿易

商船自廈來臺由泉防廳給印單開載舵工水手年貌并所載貨物於廈之大嶝門會同武汛照單驗放其自臺回廈由臺防廳查明舵水年貌及貨物數目給印單於臺之

東閩錄　卷一

鹿耳門會同武汛點驗出口臺廈兩廳各於船隻入口時
查驗進港如有夾帶等弊即行查究其印單彼此移銷如
有未到及印單久不移銷移行查究
商船自臺往廈每船止許帶食米六十石以防偷越如敢
違例多帶米穀嚴加究處
淡水舊設社船四隻舉淡水莊民殷寔者詳明取結赴漳
泉造船給照在廈販買布帛烟茶器具等貨來淡發賣即
在淡買米粟回棹接濟漳泉民食雍正元年增設社船六
隻乾隆八年定社船十隻每年九月至十二月來淡一次

回棹帶米出口餘月赴鹿耳門貿易九年定臺道軍工所
辦大料社船配運赴廈再配商船來臺交廠自九月至十
二月止不限次數聽其往渋
商船撥運內地兵米及採買平糶米穀大船配載三百石
次大二百五十石大中二百石次中一百五十石下中一
百石小商船免配每石脚價銀六分六釐卷遇趕運之時
當堂拈鬮植何處如福州府屬及南澳等處交卸給免單
二張興泉漳等屬交卸給免單一張俟該船下次入口將
免單呈繳免其配運

條例　二十四

見聞錄　卷一

海洋禁止偷渡如客頭包攬偷載為首者發邊衛充軍為從者減一等杖一百徒三年澳甲地保及船戶舵工知而不舉亦照為從例均不准折贖偷渡之人杖八十遞回原籍乾隆元年王水提郡奏准偷渡船戶照為首客頭例發邊衛充軍所得贓銀照追入官該地方官弁疏縱偷渡人數至十名以上者專管官罰俸一年兵役各責二十至疏縱偷渡人數至數十名者專管官降一級兵役各責三十

田賦

臺地田園十分曰一甲每甲東西南北四至各二十五戈

每戈長一丈二尺五寸其坵段之方圓曲直寬狹不等則計尺寸折筭雍正九年定凡七年以後新墾田園援照同安下沙則例化甲為畝每甲折内地弓步計一十一畝三分零

臺鳳諸彰四縣及淡水廳徵粟惟澎湖廳地種徵銀舊額通臺賦役規則上則田每甲徵粟八石八斗園每甲徵粟五石中則田每甲徵粟七石四斗園每甲徵粟四石下則田每甲徵粟五石五斗園每甲徵粟二石四斗

諸羅雜志云臺灣田賦自紅毛至臺就中土遺民令之耕

田輸租以受種十畝之地名為一甲分别上中下則徵粟其坡塘堤圳脩築之費耕牛農具耔種皆紅夷資給故名曰王田及偽鄭攻取其地向之王田皆為官田耕田之人皆為官佃輸租之法一如其舊偽鄭宗黨及文武偽官與士庶之有力者招佃耕墾自收其租而納課於官名曰私田所用官斗較中土倉斛每斗僅八升其餘鎮營之兵就所駐之地自耕自給名曰營盤及歸命後官私田園悉為民業酌減舊額按則勻徵既以偽産歸之於民而復减其額以便輸將誠

聖朝寛大之恩也

臺灣志畧云雍正九年定自七年開墾及自首陞科者改照同安則例化一甲為十一畝三分零計畝徵銀仍代納以粟上田每畝徵銀八分五釐三毫四絲（以銀三錢六分折粟一石）米六合九抄五撮（一米納二粟）合計每甲輸粟二石七斗四升有奇中田每畝徵銀六分五釐八毫八絲四忽米三合八抄七撮合計每甲輸粟二石八升有奇下田每畝徵銀五分七釐五毫五絲（不征秋米）合計每甲輸粟一石七斗五升有奇上園照中田中園照下田下園每畝徵銀五分六釐一毫

八緣不征秋米合計每甲輸粟一石七斗一升有奇照下田少差新則較輕舊則不啻數倍統計通府歲徵正供額粟一十七萬零十二石一斗二升零每粟一石徵耗粟一斗折納銀五分其正供額粟支納全臺十五營兵米四萬四千八百五十一石八斗折粟八萬九千七百三十石六斗又例運福興泉漳四府平糶乾隆六年奏准改運粟七萬零三百八十七石零二升班兵眷米粟二萬二千二百六十石金廈兵米粟二萬三千九百五十二石又例運督標兵米折粟一萬五千五百七十石計全臺徵收粟數尚不敷

起運粟五萬一千七百八十七石五斗每年將運糶四府粟價發臺每石價銀四錢五分分給四縣并淡防廳糴補足額其耗粟所折之銀與人丁餉税官莊各耗羨暨併封戥頭皆解充各衙門養廉及津貼船工公費以上六項銀粟惟綜核現在之數併統計兩廳四縣之額至或多或寡各屬之因地制宜有定規爲

## 户丁

民丁共一萬八千八百二十七
番丁共六千八百三十八

康熙二十三年題准臺灣每丁徵銀四錢七分六釐五十二年

恩詔以五十年丁冊定為常額滋生人丁永不加賦

乾隆元年

上諭朕愛養元元凡内地百姓與海外番民皆一視同仁輕徭薄賦使之各得其所聞福建臺灣丁銀一項每丁徵銀四錢七分再加火耗則至五錢有零矣查内地每丁徵銀一錢至二錢三錢不等而臺灣加倍有餘民間未免竭蹷着將臺灣四縣丁銀悉照内地之例酌中減則每丁徵銀二錢以紓民力從乾隆元年為始永著為例

乾隆二年

上諭聞臺地番黎大小計九十六社有每年輸納之項名曰
番餉按丁徵收有多至二兩一兩有餘及五六錢不等者
朕思民番皆吾赤子原無歧視所輸番餉即百姓之丁銀
也著照民丁之例每丁徵銀二錢其餘悉行裁減該督撫
可轉飭地方官出示曉諭寔力奉行務令番民均沾寔惠
又聞澎糧廳淡防廳均有額編人丁每丁徵銀四錢有零
從前未曾裁減亦著照臺灣四縣之例行

## 鹽課

臺灣府塩埕二千七百四十　四格諸彰淡澎均無塩埕俱

在臺鳳二縣共徵銀二千四百三十六兩一錢四分三釐
零

臺灣志畧云臺地自入版圖之後鹽皆居於民曬民賣其鹽埕餉銀由臺鳳兩邑分徵批解緑民曬民賣價每不平雍正四年四月内歸府管理其鹽場分設四處洲南洲北二塲坐落臺邑武定里瀨南一場坐落鳳邑大竹橋莊瀨北一場原坐落鳳邑新昌里今劃歸臺邑管轄四場曬丁計三百三十五名洲南塲設巡丁八名洲北場設巡丁十名瀨南場設巡丁四名瀨北塲設巡丁六名晝夜巡邏每

場設管事一人派家丁一人專司稽查以防透漏夏秋雨水鹽埕泥濘不能曬鹽惟春冬二季天氣晴爽方可收曬四場鹽埕共二千七百四十四格每埕所出之鹽盡數用制斛盤量收倉每月照數給價曬丁收領洲南洲北瀨北三場每交鹽一石給定價番廣銀一錢二分瀨南一場所出之鹽粒碎色黑遜於他場每交鹽一石給定價番廣銀一錢計四場收入倉鹽每年約九萬十萬十一萬不等府治內設鹽館一處聽各縣販戶莊民赴館繳課領單每鹽一石定課價番廣銀三錢脚費銀三分執單赴場支鹽各

處運賣每年約銷八九萬石不等所賣鹽銀除每月支發
鹽本及各場館辦事人役工食外餘悉存貯府庫按月造
冊申報

水陸餉

正供之外又有水陸餉水則有港潭魚塭採捕船網罟縺
罟縺蠔箔罾滬烏魚旂等名陸則有瓦厝茅厝蔗車牛磨
糖廍番檨宅檳榔宅瓦硒磘菜園等名其徵銀採捕小船
計載樑頭每担徵銀七分七釐杉板船每隻徵銀四錢二
分港潭則論地之大小徵銀一百以上及四五十兩不等

塭大者徵銀四五十兩不等小者不過幾兩網每張徵銀三兩五錢小網不等罟每張徵銀一十一兩七錢六分小罟不等縺罟縗蠔篊俱每條徵銀五兩八錢八分罾每張徵銀四兩二錢小罾不等烏魚旗每枚徵銀一兩零五分滬每口徵銀八錢四分尾厝茅厝臺邑因偽鄭之舊今亦變通餘無徵銀牛磨蔗車糖廍每張徵銀五兩六錢檳榔番檨菜園尾磘每宅徵銀幾兩不等總計徵銀七千八百三十三兩零

乾隆二年

見聞錄　卷一　水陸餉　三十

東閣錄　卷一

上諭朕查閩省澎湖地係海中孤島並無田地可耕附島居民咸置小艇捕魚以餬其口昔年提臣施琅倚勢霸佔立為獨行每年得規禮一千二百兩及許良彬到任後遂將此項奏請歸公以為提督衙門公事之用每年交納牽以為常行家任意苛求漁人多受剝削頗為沿海窮民之苦累著總督郝玉麟宣朕諭旨永行禁革其現在捕魚船隻飭令該地方官照例編號稽查辦理此項漏規既經裁除若水師提督衙門有公用必不可少之處著郝玉麟將他項銀兩酌撥數百金補之

赤嵌筆談云臺邑額載厝餉磨餉二項俱始於偽鄭志載瓦厝茅厝共徵銀一千二百四兩零數十年來有片瓦寸草俱無子姓零落及孤寡不能自存者亦必按冊拘追而大井頭一帶行店碁布終歲不出分文雍正元年五月府司查驗府治房店將破壞瓦厝茅厝悉為開除凡得大瓦厝七千零七十四間小瓦厝一千七百零三間小者每間折半科算共七千九百二十五間半額餉勻攤每間一錢五分一釐九毫有奇每戶給以餉單如倒壞無存者許執單繳驗註銷另查新屋頂補磨三十首共額徵銀一百六

十八兩除磨壞人亡者無從追此現徵十九首官年賠鮮十一首即十九首內定在開市者不及十首餘皆年磨倒壞按冊閭賦與厝餉等而近年新開磨户悉投營弁以開則完銀不開即止今各户給以照單按月照數旬徵將前項變為活餉可以足額

官莊

官莊向係武職駐防守土給工稆望亦有閩粵寓民互相爭闘投獻武職大員所有田地名曰官莊雍正元二年間將此題報歸公現在歲徵銀三萬零五百六十餘兩以充

内地各官養廉之項

乾隆九年

上諭外省鎮將等員不許在任所置立產業例有明禁在内地且然況海外番黎交錯之地武員置立莊田墾種取利縱無佔奪民產之事而家丁佃戶倚勢淩人生事滋擾斷所不免朕聞臺灣地方從前地廣人稀土泉豊足彼處鎮將大員無不創立莊產召佃開墾以為己業且有客民侵佔番地彼此爭競遂投獻武員因而踞為己有者亦有接受前官已成之產相習以為固然者其中來歷總不分明

是以民番互控之案絡繹不休若非徹底清查嚴行禁絕
經非寧輯番民之道著該督撫派高山前往會同巡臺御
史等一一清釐凡歷任武職大員創立莊產查明並無侵
佔番地多與民番並無爭控之案者無論係本人子孫及
轉售他人均令照舊管業外若有侵佔民番地界之處秉
公清查民產歸民番地歸番不許仍前朦混以啟爭端此
後臺郡大小武員創立莊產開墾草地之處永行禁止倘
有托名開墾者將本官文部嚴加議處地畝入官該管官
通同容隱並行議處

卷終

# 臺海見聞録卷二

崇安　董天工　典齋

## 漢俗　內地習見者不録　計八條

### 竊花

正月元夜未字之女偷折人家花枝竹葉為人詬詈謂異日必得佳壻范巡方咸有詩二截女郎元夜踏蒼苔攀折青枝笑落梅底事含羞佯不采月明犬吠有人來難將心事語人知暗祝燈前有所思為是傾城顏色好不教開到落花時

蒙面

臺俗婦女靚粧入市無肩輿以傘蒙首而行時伸時縮以窺行人張巡方湄有詩云香車碧幰厭紛紜擁蓋微行擬郢君一隊新粧相掩映紅蕖葉底避斜曛

送檳榔

臺地閭里詬誶輒易搆訟親到其家送檳榔數口即可消怨釋忿張巡方有詩睚眦小忿久難忘牙角頻爭雀鼠傷一抹腮紅還舊好解紛惟有送檳榔

騎犢

臺牛健者善跑擇黃犢之臕壯者飾以鞍轡騎之日可行百里張巡方有詩金勒籠頭錦韂紆追風犢子抵神駒晴郊鞭影搖山綠寫出函關老子圖

衣服

羈臺遊徒衣服不衷袴露衣衫外曰龍擺尾襪不繫帶脫落足面曰鳳點頭擔夫輿隸雲履綢衫服勞任役殊不雅觀張巡方有詩鳳頭龍尾好衣裾錦綉徧諸謝不如若使賈生來此地未知流涕更何如

祝七娘

七夕為乞巧會家〻設雅醴果品花粉之屬夜向簷前祝七娘壽或曰魁星於是日生士子為魁星會竟夕歡飲張巡方有詩露重風輕七夕涼魁星高讌共稱觴幽窻還聽喁喁語花果香燈祝七娘

盂蘭會

中元醵金為盂蘭會延僧作道場陳設猪羊肉飯餑〻餅菓等費金數十堆積如山僧甫登壇施食衆擁紛搶謂之普度夜分放水燈謂水陸會六巡方十七有詩楚人尚鬼習相仍高會盂蘭放佛燈釋氏金蓮三十里石家銀燭百

千僧獨醒難挽浮靡俗空色渾疑清淨僧最怪莊嚴成刦奪肉山還有酒如澠

焚紙虎

除夕殺黑鴨以祭神謂之壓災為紙虎實以鴨血燒之門外范逖方有詩二截階前金薄印於菟燃火燒香達九衢好趂春前辟虛耗新年事事要懽娛死虎猶能致毒龍精誠大府慰三農閭閻莫怪還驅鬼壓煞迎神重季冬

番俗計三十條

番寮

見聞錄　卷二

番屋築基五六尺高以竹木結成椽桷蓋以小茅合兩大扇爲屋狀如覆舟廣二丈餘長數丈簷深垂地前後開門繪雕髹漆夫妻子女同聚一室潔淨無塵黄巡方叔璥有詩剉竹爲椽扇縛茭空擎樑上始編茅落成合社歆相賀席地壺漿笑語高

耕田

番俗以女承家凡耕作皆番婦備嘗辛苦或襁褓負子扶犂男則僅供饁餉范巡方有水田犂婦盡春耕之句

禾間

番寮前後架小竹屋收成貯穀曰禾間其粟名倭粒大而性粘似糯米張巡方有詩流珠炊玉食維艱終歲勤劬敢務閒生計只知依稼穡一枝棲息歸禾間

舂米

番無碾米之具以大木為臼直木為杵帶穗舂令脫粟計足供一日之食男女同作率以為常夏巡方之芳有詩杵臼輕敲似遠砧小鬟三五夜深深可憐時辦晨炊米雲磬霜鐘咽竹林

製酒

番酒凡二種一番女以口嚼米爲麯和蒸飯調勻置缸中旬日發氣取出攪水名姑待遇婚姻築舍出飲一將糯米蒸熟拌麯入篾籃置甕口津液下滴藏久色味香美遇貴客始出以待張巡方有詩二句玉蛆滿甕新醅熟滴滴流芬藍類中

織布

番婦機杼以大木如栲鑿空其中橫穿以竹纏經於上刓木爲軸繫於腰間夾竹穿梭以苧線染茜草合鳥獸毛織帛斑斕名達戈紋又以綠線伴紅呢絨織手巾等極精緻

范巡方有蓮麻西草能成錦何必田園定種桑之句余亦有絶句斷木為機似月圓横穿翠篠夾絲纏掺掺巧織戈紋錦斑駁爭誇柿蒂鮮

衣服

番男女向皆裸體跣足女衣烏布短衣曰吼吠用青布裹脛曰沙里樂男以布四尺圍蔽下體曰踏畢亦有著鹿皮以達戈紋緑領者張巡方有詩烏衣漸易裸人風尺布為褌犢鼻同可但鹿胎花簇簇達戈紋錦手裁工

穿耳

[illegible]閩錄　卷二

番善大耳垂肩以博婦歡自幼鑽耳貫以竹圈螺殼漸大如盤傅以白粉取飾觀也又束髮為三丫或雙角插雞尾迎風搖颺張巡方有詩垂肩粉耳大如盤貫竹填螺取次寬丫角髻邊風不定翩翩五色鬭雞翰

## 箍腹

番尚腰小以利疾走幼時即以細竹編如籠濶三寸長與腰齊圍繞束之使有力善走張巡方有詩競誇麻達好腰圍徙足淩空捷似飛薩鼓鋋鏘敲近遠輕塵一道走差歸

## 文身

番俗裸體為飾以針刺膚紋如臺閣及花鳥虫魚之狀清以墨汁杜中以此推為雄長番女以此碩求婚媾黃巡方有詩絕島中華古未通生來惟鬬此身雄猶餘一面猙獰外人鳥樓臺刺自工

口琴

削竹片如紙薄長四五寸以鉄条環其端啣於口吹之又有似琴大如拇指長四寸窪其中二寸釘以銅片另繫一柄以手捘循脣撥動之其聲娓娓麻達於月夜吹行社中番女悅則和之情欵私通余有詩宛如私語夜深深別樣

綠桐別樣音齒頰低微音韻渺雄鳴雌和月陰輕

牽手

番已娶者名暹調姦有禁未娶者名麻達則不忌番女未嫁者曰麻里氏不及笄居小寮任自擇配麻達夜以口琴鼻簫挑之意悅野合告父母成牽手焉亦有用螺錢爲定

張燈方有詩定情雖做白螺錢麻達歆諧禮數捐錢慶社寮清月夜鼻簫吹徹手隨牽

贅婿

番重生女贅婿於家曰有賺生男出贅於人曰無賺蓋以

女配男承接宗支也故一再傳而孫不識祖以故番人無姓氏祖孫同名張巡方有詩瓜瓞移根自剪劉家家奉贅俗同譜再傳儘使孫忘祖有賺惟知女勝男

## 鑿齒

番俗男女成婚後各折去上二齒彼此易藏配合已久造高架坐婦於上迎諸社中以示終身不易孫同馬元衡有秏臺鑿齒喪其親爾臺鑿齒媾其姻之句

## 浴兒

番俗初產產母携所育嬰兒同浴於溪不怖風寒有病不

知醫藥輒浴於河言大士置藥於水以濟男女張巡方有詩浴川女伴不知寒綠水鸂鶒雪影翻見説生雛纔墮地陂池堪作浴兒盤

## 布床

番人每以布毯纏兩樹間酣寢其上不畏風露張巡方有詩一枕鼾齁樹杪眠從來木處不曾顛此中風味人知少蝴蝶南柯夢竟全又婦育兒以大布爲襁褓有事耕織則繫布於枝椏若懸床然風動枝葉颯颯酣睡其中不顛不怖余有詩何事番兒不畏寒布床高挂椏枝端風吹木葉

敎蕭瑟好似嬰孩熟睡殘

番戲

番俗成婚後三日會親宴飲各婦艷粧赴集以手相挽面相對聳身擺蕩以足下軒輊應之循環不斷爲兩匝圍井形引敎高唱互相答和搖頭閉目備極媚態范巡方有詩二截連臂相看笑蹈歌陳詞道是感恩多劉憐不似弓鞋影一曲春風奈若何妙相天魔學舞成垂肩瓔珞太憨生分明即是西番曲齊唱多羅作梵敎諸羅周令鍾瑄有五絕蠻姬兩兩鬪新粧蹀躞花陰學舞娘珠重一天明月夜

見聞錄　卷二

春来底事為人忙不掄檀板不吹笙一點鉦敲一隊行風味何如初中酒山花翠羽鬢邊橫睒翩把袖自歌呼別樣風流絕世無番調可知輸白雪也應不似潑寒胡野氣森森欲曙天維摩新病未成眠空餘無限羅伽女亂把天花散舞筵一曲蠻歌酒一卮使君那惜醉淋漓但令風物閑王會我欲從今學畫師

鞦韆

番女有緲綿氏之戲即鞦韆也以緲為飛以綿氏為天以為飛天耳風和景明招邀同伴椎髻盤花靚粧麗服累累

相北歡呼游戲臺人有雲霄碧梧飛彩鳳花移丹桂下姮娥之句

## 戲毬

番衆不知年月以穀熟為一歲月圓為一月嘗以籐絲編為毬會社衆為踢蹴之戲與鞦韆為樂張巡方有詩籐毬擲罷舞鞦韆世外嬉怡別有天月幾回圓禾幾熟歲時頻換不知年

## 走差

番麻達走差腕帶鉄釧手背鑿銅毛狀如新荷葉名薩豉

[illegible]鬧鈸[illegible]一

宜展足疾走以尾扣鉶如鳴小鐘一步一擊不疾不徐遠聞數里爲余有詩狀似捲荷四寸長手環相擊響丁當不疾不徐音鏗爾遠韻清徹勝鼓簧

浴川

番婦日往溪潭盥頮沐浴女伴牽呼拍浮蹀躞譜浪相鬭雖番漢衆觀無所怖忌蓋人有浪映桃腮花片落波搖粉臂玉魚游之句郁永河有詩覆額齊眉繞亂莎不分男女似頭陀晚來女伴臨溪浴一隊鸕鷀漾綠波

放手

夫妻反目離異曰放手男離婦必婦嫁而後再娶婦離男男未娶不得別嫁違則罰酒粟牛隻若干張巡臺有詩反目還將放手稱牽牛挈酒痛交徵何如白首期偕老高伐迎歸耀彩繒

## 遊車

番以刺桐花開為年每當花紅草綠之時整潔牛車番女盛粧出遊所戴紗頭箍名答答悠瑪瑙珠名賓也珠行人有稱其艷冶者則男女均悅以為快張巡方有詩色練衣衫最麗都換年風景野花數金藤耀首新粧裊答答偏宜

窅也珠

## 捕鹿

番捕鹿曰出草於八九月間聽鳥鼓以定吉凶吉則往凶則退捕時集衆番各持器械帶獵犬逐之以鹿善觝也張巡方有詩出草東郊徑路深枝頭鳥語最關心幾教啁哳宛如許不似黃鸝俱好音

## 捕魚

社番頗精於射又善用鏢鎗捕魚於清水處用竹籠套於右胯衆番持鏢從上流毆打扣魚籠内以手取之張巡方

有詩抵酒設網與操舟撐突清溪截上流發發游魚齊入
手筠籠頃刻百千頭

渡水

溪深水洄編藤繫兩涯之樹以當橋左右另繫一藤高出
橋三尺許兩手扶之以行張巡方有詩攀枝已訝衆猱升
渡水驚牽百丈藤真見飛行都絕跡西京那數戲橦絙

懸顱

傀儡生番野性難馴每於林木叢茂處殺人割截頭顱剝
去皮肉飾之以金懸列户内誇示其衆以數多者為雄長

張巡方有詩傀儡山深惡木稠穿林如虎攫人頭群兇杜
裏誰雄長茅宇新添金髑髏

社學

習紅毛字者曰教冊予用鵝管濡墨橫書自左而右所以
登記錢穀出入令設社學延師教訓有默寫四子書背誦
毛詩者張巡方有詩鵝筒慣寫紅夷字鴃舌能通先聖書
寧馨兒童真拔俗琅琅音韻誦關雎

迎使

巡使按年巡歷南北二路撫賞番黎凡至一社土官婦女

遠迎馬前跪獻都都意頗誠切黄巡方有詩涉輓行来界
北邊裸人雖陋意殊虔官厨未識都都味首頂磁盤衆婦
先

賞番

官長至社番婦數十人身著鮮衣項挂瑪瑙珠曰衣堵螺
錢曰眉打喇挽手合圍蹋地而歌逐隊跳舞官賞之酒連
醻不醉張巡方有詩頌懸文石閒雕螺連臂唉噫蹋地歌
簇錦團中看賜酒累觴未覺醉醺酡

臺弁 計二十二條

## 七里香

七里香木本花叢生如緋珠婆娑可愛五瓣色白香氣濃郁能辟瘴氣所種之地蠅蚊不生一名瓊花又名瑒花又名玉蘂又名山礬又名春桂六巡方有詩雪魄氷姿淡淡粧送春時節美芬芳著花何止三迴笑惹袖猶餘半日香竟使青蠅垂翅避不教昏瘴逐風狂靈均莫謾悲蘭茝音齒香草正色宜令幽谷藏范巡方詩翠蓋團團密葉藏繁花如雪嫮幽芳分明天上三株樹散作人間七里香丹桂婆娑猶入俗繡球攢簇未即當何如瓊島嫣然秀采擷還傳辟

瘴方又有六絕句唐昌觀名玉蘂無踪跡后土廟名瓊花再見難官閣獨餘春桂影婆娑長得月中看小葉荼蘼一丈餘花開五出襲瓊琚生憐青瑣無消息香山玉蘂花詩不緣啼鳥春饒舌青瑣仙郎那得知難覓吹簫紫鳳車張文昌玉蘂詩五色雲中紫鳳車尋仙來到洞仙家瑤臺原不在人間素艷何來綠玉鬟長見蘂珠宮裏雪只緣地近補陀山補陀山猶言白花山衆仙也合依稀似玉簫濃香揾不同欲向通明上封事彈文先亦妬花風幸留七里香名在認取山礬為寫真寄語世人休衆訟冰姿原不藉前塵瀛壖合是洞仙家宴嘗會看玉樹花賦羅新詩消受得春風何處

七香車劉賓客玉蘂詩玉女来看玉樹花異香先引七香車莊觀察年二律鈴閣清
嚴碧檻涼一叢玉蘂正芬芳瓔姿乍怯秋初雨花氣渾同
夜合香綉斧遥前歌白雪銀鬟窓外舞霓裳擎杯細把山
礬嗅沁我詩腸潤酒腸密葉繁葩綠玉叢朝霞掩映雪瓏
瓏唐昌觀裏依稀似后土祠邊想象同滿砌花飛鶯積處
隔鄰香透趁微風三年海外埋芳信此日開遥興不窮余
有四絶飄然玉質森森秀别有幽香到小庭不用嬌容教
傅粉逢君一見自娉婷素華真可勝梅粧點點瓊葩點點
芳翠葉繽紛懷潔白濃香暗惹綠衣郎蘊抱冰心此一方

不教蜂蝶逐花狂瓊姿本是神仙骨肯作人間賈女香〻
聞七里玉玲瓏月色平林和露濕玉女原來看玉樹一般
清白煦春風

刺桐

刺桐花木本葉似桐而幹多刺二三月間花開殷紅泉州
志云刺桐先葉後花則五穀豐又土人傳康熙六十年朱
一貴之亂刺桐無一着花者丁晋公謂有詩聞得鄉人說
刺桐花如後發始年豐我今至此憂民切只愛青青不愛
紅孫同馬有二絕春色燒空白海涯柳營繞遍到山家崑

崙霞吐十層艷華嶽蓮開十丈花百朶紅蕉簇一枝偶然著葉也相宜烟籠絳羽鸚哥舞（雲南稱為鸚哥花）信是春城火樹奇

## 赬桐

赬桐花草本高不盈丈葉似桐花紅如火一穗數十朶五月盛開土人於競渡時各採數枝揷鬢又名龍船花開至除冬不止結子色藍子老而花未凋六巡方有詩枝葉葉厚碧痕濃色艷還看花發薰朱蕚臨風迷紫蝶丹鬚和露抱黃蜂剪殘紅錦枝頭見敲碎珊瑚月下逢好是年年誇

競渡鮮研如火映魚龍

扶桑

扶桑花木本似木槿而四時着花有紅黄二色光彩陸離一名拒霜謂凌冬亦凋也一名照殿謂日光所爍疑若焰生也范巡方有二絶祇是江鄉木槿花十重照殿炫紅霞生來不遇繁霜雪穠艷經年向客誇桃腮杏臉襯朝霞那信紅顏薄命嗟雨樹新粧爭睹勝老夫無月不看花孫司馬詩燒空處處佛桑燃寒煖花魂總放顛大海東頭當曉日丹山脚下對晴烟眼明五月朱榴火泪濺一春紅杜鵑

粉白嫩黃相映發遥情将向洛陽天

水仙

水仙花一木五六莖鮮芳絕倫粵東市上標臺灣水仙花頭其寔產自漳州及蘇州范巡方有詩霓裳翠袖剪吴綫烟霞輕籠弱不勝綽有風神凌海嶠憐他冷艷斷春冰銀盤旋潔還疑雪金醆嬌娆好試燈擬與梅花同配食木仙王廟最相應六巡方詩凌波仙子世同稱瓊島芳姿未敢憑香與春風相應接神将秋水共清澄玻璃案上金千點玳瑁筵前玉幾層不許纖埃侵皓素檀心夜月一壺氷

美人蕉

美人花紅黃二種黃者尤芳鮮可愛四時不絕有高丈餘者子堅黑或作小念珠張巡方有詩亭亭清影綠天居扇暑招凉好讀書怪底彈文出脩竹美人顏色勝芙蕖孫司馬詩美人名自香山贈琢重叢生琥珀芽纔省漢家宮樣好淡烟斜月見新花

蓮蕉

蓮蕉似美人蕉而花之大數倍絕如蓮其花從葉中抽出無莖花之杪微綠似葉葩巡方有二絕奇花多變態顏色

見聞錄　卷一

紅於火風物類海南不似藕花妥已長葉中花更生花上葉我欲剥焦心酒痕映雙頰

曇花

曇花草本一名優鉢羅種出西域葉叢生濶五寸高五尺一枝數十蕋蕋長八寸花六出外紫内白瓣似蓮香亦有白色中攢十八朶每日開一朶梵刹多植之取十八羅漢之義也范巡方有詩一莖數蕋盡叢生粉暈檀心畫不成靜態雪華堪比潔幽香蓮葉與同清已蠲穠艷消塵劫應散諸天入梵殻傳是西方来小種淨因我亦未忘情張巡

方詩挾自覲牀象坐前紫霞一片映青蓮優曇不是人間種色相應歸忉利天孫司馬詩一叢優鉢曇花好移得西天小本來日色烟光浮紫氣凌空誰為築瑤臺

貝多羅花

貝多羅花木本種自西洋來葉似枇杷梵僧用以寫經枝皆三叉瓣六出白色近心漸黃香似梔子張巡方有詩奇英六出幹三叉簷蔔香中嗅露華曾識僧龕寫經葉而今始見貝多花范巡方詩已兼蝶粉與蜂黃更裹依微紫絳囊葉似欵冬稜較健花開盛夏氣微香一叢蓓蕾盈枝發

見聞錄　卷一

半捲婀娜小瓣長可是貝多真色相閑書梵字午風涼

金絲蝴蝶

金絲蝴蝶黃片紅點拳曲多鬚似蛺蝶趂人之致孫司馬有詩流宕春光爛熳枝翩翩似醉更疑癡家家一樹錦蝴蝶是夢是花人不知龍溪王洪詩不識波羅國爭看蛺蝶花吐絲多浥露展翅各矜華最喜秋陽映應須錦幔遮風飄仙客醉窓外影橫斜

刺毬花

刺毬花木本有刺秋冬開黃花細攢如絨似治耳消息一

名消息花又名番蘇木每露氣晨流芬香襲人結子似豆有策其葉秀整相次根可染絳孫司馬有詩黃菊難尋處士家也無楓葉受霜華海東秋思知多少為問牆邊消息花

## 交枝蓮

交枝蓮藤本花五瓣白色其莖互相縈繞午開未謝張司馬若靄有詩産自污泥湼不緇迎風承露踊交枝看地亦解相縈抱底事依依在水湄

## 番茉莉

番茉莉一名三友花又名番梔子其花千瓣望之似菊開後可玩三日不似內地茉莉暮開晨落耳孫司馬有詩爭迎春色耐秋寒開向大閩歲月寬嫩蕊淡烟籠木筆細香清露滴金盤繡成翠葉爲紋巧蒂並叢花當友看日日呼童階下掃濃陰恰覆曲欄干又詩名花聞道出南荒親到南天聞妙香第是素馨兄是菊淡烟如水月如霜佳人小立畫廊西紈扇迎風手自攜雪瓣忽欺蟬翼重縷華虛遣鳳頭低卻月盆中向晚芳瑶臺誰與散天香殘魂消盡同禪寂不覺瓔花在枕傍

## 鐵樹花

鐵樹花狀如竹絲燈籠廣張千瓣瓣各一花孫司馬有詩黑入太陰根幹老翠生鳳尾葉橫斜紗籠瑣細玲瓏雪道是千花是一花

## 梅

梅花有紅白二色其名頗多佳者如千葉梅玉蝶梅異者如冰梅墨梅色艷而香臺地罕有陳大中丞璸任臺刺史時建朱文公祠落成於祠前手植二株紀詩一律嘗遍花叢愛老梅隨祠左右手親栽寫真舊有廣平賦入妙詩稱

和靖才風送清香迷瀛海月彩孤影出澄臺應知雨露深無限獨步初春傲雪開熊巡方學鵰二截一枝誰自江南寄島與衛寒亦有香繪出當年東閣興高吟不必憶何郎調影和羹異日才邊城春色喜先開會看百卉從今盛錦繡層層遍九垓

午時梅

午時梅色紅午開子落孫司馬有詩葵葉梅英並可誇枝枝絳雪受風斜道人不語先天事開落庭前子午花

畨繡毬

番繡毬花蔓生葉厚紅白二色白花瓣似通草爲之心微紅而堅明亮如蠟孫司馬有紅繡毬詩玲瓏煖玉更施朱錦綉成團纖幾株絳雪即今零落盡餘枝猶是小珊瑚

木蘭花

木蘭花如粟淡黃芳似珠蘭木本大者圍數尺名樹蘭孫司馬有詩清芬殊絕世不與衆芳同香溢珠蘭晚黃先月桂叢交枝深照席一夏兩溫風天意特相贈憐余大海東

月下香

月下香葉似鹿蔥其花白夜有奇香晝則斂孫司馬有詩見月

風引清芬墻裏來素花隱約旁莓苔會迎月露飄香滿更領蟾蜍死魄開

仙丹

仙丹花色鮮紅一朵色百蕋似繡毬花無香自四月開至八月爛熳如霞種出粤東潮州之仙丹山傳昔黄氏女經過遺落鬟揀紅花後滿山發此花故名余有詩一朵彤雲物外仙丹珠累々映霞鮮漫言黄毋鬟花落移種東山處處妍

迎年菊

臺草木經歲不萎花開無節黃巡方云余仲冬按部至斗六門見桃花方謝至笨港見人擎荷花數枝回署見榴花照眼丁河峯歲除一眹迎年蓮菊猶芳矣但梅傳春信獻歲瓜茄未老還同韮薦辛盤張巡方有詩少寒多燠不霜天木葉長青花久妍真個四時皆似夏荷花度臘菊迎年昔蘇子瞻在海南以十一月之望與客汎菊作重九會有云嶺南地暖百卉造作無時而菊獨後開考其理菊性介烈不與百卉並盛衰也范巡方有元旦後四日莊副使齋頭見菊花詩迎年何事更爭新恠底真成海外春花歷三

見聞録　卷　臺卉　二十

時如熱客莫開五葉儼浮塵幽姿豈必誇顔色艷景難數信隱淪輸與寒梅仍應候孤芳不肯早呈身

鳳仙花

鳳仙花一名金鳳花有紅紫黃白及雜色土俗喜種以上厚色倍艷也臺明經李雰有詩道是仙家卉亭亭向座隅綠鸞花綴鳳翻見蘂凝珠色送秋容好烟浮暮靄數隣家小兒女纖手愛塗朱

臺果計十四條

黃梨

黃梨寔生叢心味甘微酸葉似蒲而短濶兩旁如鋸齒攢簇參差有如鳳尾其皮鱗起又名鳳梨盛以瓷盤其香滿室孫司馬有詩翠葉葳蕤羽翼奇絳文黃質鳳來儀作甘應以籮籠寔入骨寒香抱一枝張巡方詩毛羽手葺皮甲皺阿誰截得鳳皇身番梨縱復稱名好何似中原大谷球

## 檳榔

檳榔樹直無枝高一二丈皮類青桐節似筋葉如棧竹花淡黃白色朵朵連珠香芬襲人寔若棗形自蓋秋至盖夏生生不絕與柳肉蔞籐同嚼灰夾唊餘醉人如酒張巡方

有詩丹顛無端生酒暈朱唇那復吐脂香饑餐能嚼日百
顆傾盡䨟州金錯囊范巡方詩南海嗜賓門名梹榔一名賓門初嘗
面覺温苦饑如中酒得飽謝朝餐種必連椰子梹榔不與椰樹間栽
則花不寔功寧比稲孫瘴鄉緜巳疾留得口脂痕孫司馬詩竹
節樓根自一叢連林椰子判雌雄醉醒饑飽渾無賴未必
於人有四功

椰子

椰樹葉少林高子外裹粗皮如棕片内結堅殼剖之白膚
盈寸極甘脆清漿可一椀名椰酒土人以手揺聽水聲清

亮則心大而甜其肉厚濁則否東坡詩美酒生林不待儀蓋指此也

## 番檨

番檨有三種香檨為上肉檨木檨亞之種自荷蘭樹高大可陰花微白寔如豬腰皮綠肉黃五月熟味酸甘臺產也韻書字典無檨字山海經草木諸書未詳其物切片醃久曰蓬萊醬張巡方有詩參天高樹午風清嘉寔累累當暑成好事久傳番爾稚南方草木未知名孫司馬詩千章夏木布濃陰望裏累累羨子林莫當黃柑持抵鵲來時佛國

東聞錄　卷二

重如金

## 波羅蜜

波羅蜜果種自荷蘭寔生熟以盛夏大如斗色翠綠似如來頂剖而食之液粘而味甜與蜜相似其子似橡一子一房煮食味亦相類孫司馬有詩波羅門下樹亭亭香蜜成房子更馨鮮是西來真善果十方供奉佛頭青

## 菩提果

菩提果西域來種狀類枇杷味甘而香置諸几案足供清玩張巡方有詩清果菩提繞室馨金包柑橘麗繁星更憐

斗大波羅蜜碟砢真同佛髻青

香果

香果花有鬚無瓣其色白其實中空狀如蠟丸孫司馬有詩但有繁鬚開爛熳曾無輕片見摧殘海天春色誰拘管封奏東皇蠟一丸

釋迦果

釋迦果實大如柿碧色有紋形如佛頭味甘而膩微酸熟於夏秋之間亦種自荷蘭沈光文有詩稱名頗似足誇人不是中原大谷珎端爲上林栽未得只應海島作安身

番柑

番柑種出荷蘭大於橘肉酸皮苦荷蘭人夏月飲水必取此和塩搗作酸漿入之沈文開有詩種出蠻方味作酸熟來色燦小金丸假如移向中原去壓雪庭前亦可看

公孫橘

公孫橘似橘而小前生者紅後生者青花實四時相續沈文開有詩枝頭儼若掛繁星此地何堪比洞庭除是上番尋得到滿筐攜出小金鈴

西瓜

西瓜暑時多肉地來臺産種於深秋熟於隆冬元旦多啖之皮薄瓤紅可與當州並驅但遜泉之傳霖耳乾隆二年額定福建督撫每年正月各進瓜十圓取之於臺〻有進上瓜地一區約數十畝所産之瓜其子兩旁有番字臺太守催工種收解交督撫轉進以此別為臺瓜此數十畝外所産之瓜子即無番字亦一奇也

牙蕉

牙蕉一名甘蕉即芭蕉中之一種不甚高約六七尺結子名蕉果一枚五六層每層數十枚排比而生始綠熟則黃

味極甘美異物志載羊角蕉子大如手拇指長而銳有似羊角者此也臺地村舍後每廣植之四時皆生藉以獲利性寒婦人產後每以蕉果少許置兒口中謂能消熱

番石榴

番石榴俗名莉仔茇郊野徧生花白頗香實稍似榴雖非佳品臺人亦食之味臭且澁而社番則皆酷嗜焉

番木瓜

番木瓜直上而無枝高可一二丈葉生樹杪結實靠幹墜於葉下或醃或蜜皆可食樹本去皮醃食更佳

臺蔬計四條

番芥藍

番芥藍似菜葉藍其紋紅根赤紅種久蕃盛團結成頂層層包衣彩色照耀一名番牡丹種出咬𠺕吧其國以為上品菜諺云一叢抵一茇言其罕也番銀錢小者名茇

金瓜茄

金瓜茄葉榦同茄花連五瓣淡紫色結實酒鍾大似金瓜有外瓣初白後黃上人採以供玩張司馬有詩不是東陵種籬間別弄輝冰紈澄夏簟黃絹剪秋衣承露鵝兒嫩迎

風洛子肥依稀明月下疑自鳳池歸

番芋

番芋一類數名長曰土芝團曰蹲鴟又檳榔芋中有紅根相連如檳子又滚水芋大者重四五斤其味似荷香甚蔬獨芋擅名隋不似內地之芋也

番薯

番薯結寔於土生熟皆可噉有金姓者自文來携回種之故亦名金薯閩粵沿海田園栽植甚廣農民咸藉以為半歲糧

臺木 計六條

榕橋

榕樹不中材寡伐而長壽臺郡署内有榕橋蜿蜒地上高四五尺長二丈為臺邑八景之一楊巡方二酉有詩誰將玉斧斷仙榕露葉露根影萬重疑是銀橋天上落不因風雨作神龍孫司馬有榕樹石谷歌榕生海甸長官宅冬葉青青擬松栢高幹上踰層樓顛横枝蓋地一千尺連蜷偃蹇筋骨露碨砢盤礴脂膏積赴土藤根蛇尾青黄空條綫龍髯赤黄蔦嬰嬰不露身白駒佗佗無停隙種植當年好

見聞錄　卷之

事人故遣根柯盤怪石磝磝翁翁皆有情相軋相樛共文脈崖巔葉頂費吟哦撒髮披襟閱朝夕雨中藏竅蒙雲烟風裏搔翕鬬戈戟不同癡大（樹名）空滑柔盡化粗頑得潤澤太華青城紛滿眼木石幽居念疇昔此日投荒大海陽一生膌有烟霞癖息陰槐塊發高歌有酒如澠當醉容

綠珊瑚

綠珊瑚一名綠玉樹有枝無葉不著花槎枒互出映翠玲瓏異產也其枝皮破有漿沾人肉毒爛不可醫土人樹作籬色以防盜種自呂宋來張巡方有詩一種可人籬落下

家家齋棟綠珊瑚想從海底搜羅日長就苔痕潤不楛

蕭朗木

使槎錄云蕭朗木大者數圍性極堅重入土千年不朽然在内山人不能取洪水漂出偶斲取以為棺寔美材也

娑羅樹

娑羅樹中空四圍摺疊成圓花紋糾結盤屈如古木用貯會城亦雅觀也

土沉香

土沉香樹開花五瓣白色結子黃如豆大其根香

林投樹

林投樹幹直皮似栟櫚葉青而長兩旁有刺其骨極堅紋理斑駁可作檀板月琴三絃等花似蘆荻寔類鳳梨有子如金鈴番婦貫纏額上為飾并啖之

臺竹 計四條

刺竹

刺竹番種也數十根為一叢生筍不出叢外截斷揷土生根枝橫生排比而出有刺似鸜爪殊堅利惟臺有之土人多環植屋外以防盜臺城謂竹木城即栽揷此竹以為墻

也張巡方有詩千霄刺竹易蕭生渭水淇園未較盈千畝侯封未足貴稍君海表立長城孫司馬詩潤綠編青上拂雲下枝句棘最紛紜到門卻步遂成趣未肯生平負此君

## 觀音竹

觀音竹枝弱葉小藝植盆中亦可供玩張司馬有詩趺坐伽陀石清筠自古今壺中成淨業勁節印禪心綠染菩提果散含薝蔔林半規新月上妙義正堪尋

## 七絃竹

七絃竹幹白有青線紋五六七條葉與竹同

人面竹

人面竹高四五尺葉叢考節密而凸宛如人面故名通志

一名佛眼竹可供玩

臺草計六條

七絃草

七絃草叢生如稻秧其朵如蘭有直紋似絃白綠相間至冬則白變紅土人植以充玩張司馬有詩瑣窗閑靜影徧纏繞砌亭亭發七絃高下有情嬌映月淺深着色嫩含烟乍經新雨銀絲潤旋抱微風翠帶鮮最喜秋來紅結綫一

尊相對韵悠然

含羞草

含羞草高四五寸葉似槐細齒撓之則垂如含羞狀孫司馬有詩草木多情似有之葉憎人觸避人嗤也知指佞曾無補試問含羞却為誰張司馬詩萱花自惜可忘憂小草如何却解愁為語世人休怪詫風清太甚要含羞

風草

風草土番識之云春生無節則經年無颱風生一節即颱一次多一節則多一次甚為奇驗土人呼為蘆竹草幹似

叢高丈許葉長尺餘有穗可為帚葉上有橫紋如指甲痕者土人又云葉上無紋即無颱有一紋生颱一次以此驗颱也

## 荖草

荖草蔓生葉如田薯枝柔而長根為荖藤味辣切片夾檳榔食之甚香花亦和食香更烈如雲南蒟子一名浮留藤即蒟說文蒟蔓生子如桑椹苗為浮留藤左思蜀都賦所謂蒟醬取其子為之粵人夾檳榔用葉臺人用藤按正韻無荖字或作蒌字亦非

番薏茹

番薏茹一名番苦苓一名心痛草能治心氣痛種出荷蘭葉秀嫩似雲板曝乾則香結子青赤色

紅毛茶

紅毛茶乃草屬黃花五瓣葉如瓜子根似篠曝乾遇有時氣熱飲即愈

臺禽 計八條

長尾三娘

長尾三娘即練雀也朱喙翠翼榻脊彩耀相閭尾長盈尺

生於諸彰深山六巡方有詩翠羽光華綬帶長如雲委地美人粧命名當日非無意謂勝黃家第四娘

### 五鳴雞

五鳴雞一名五更雞大如鷓鴣雄者項下有黑白文如太極圖每漏下一鼓即鳴三五聲土番曰標標以其音相似也諸羅陳司訓繩有詩標標引嗉自呼名太極平分似繪成二十五聲隨漏滴底須侵曉候雞鳴

### 華雞

華雞較錦雞微大冠與面俱赤脛足亦然尾黑白相間長

一二尺毛羽五色陸離土人用繩圈繫餌於深山生致之然性難馴豢養不易

## 白鳩 綠鳩附

白鳩每當風雨舞翅盤旋霜衣雪襟可爲近玩或呼爲洋鴿種自咬𠺕吧来者能知氣候每交一時連鳴數聲又有綠鳩紺嘴碧毛艷勝鸚鵡惟不能言皆出自鳳山孫司馬有寒暄黃鳥在晴雨綠鳩知之句

## 烏鶖

烏鶖似八哥而通體皆黑喙如雞尾長飛最疾鳴如鶯善

[illegible]
作百鳥敵夜則隨更遞喚能搏鷹鸇遇諸惡鳥飛空中則竄啄其胸脇鷹鸇飛較遲爪不能及負痛飛鳴而去宿處惡鳥不敢近

倒掛鳥

倒掛鳥一名小鸚哥翎羽鮮明紅綠相間喙如鈎足短爪長性好倒掛夜睡亦然種出呂宋六巡方有詩美質天然着綠衣東從呂宋見應稀啄餘丹嘴慵無語鎖向金籠困不飛中立羞隨凡鳥列倒垂却與衆生違細推物理誠難解欲起張華問化機

白八哥

白八哥白畫眉俱未見或云塩水港絖領埤加冬樹大數圍每年生白哥居民攫其雛而飼之

頼鸛

頼鸛俗呼食蛇鳥狀似鶴畧小而短尾周身毛淡紅專食蛇以嘴啄蛇穴令自出或口啣而飛空中頭尾皆動

臺獸計五條

鹿

臺地素稱産鹿昔年近山皆為土番鹿場今則墾種良田

鹿亦稀少社番捕為鹿脯街市求一鬻不得也鹿以角紀年凡角一岐為一年猶馬之紀歲以齒又牝鹿既乳視小鹿長則避之他山憲小鹿也遥之也獸也不亂倫者惟馬牡馬悞蒸則自死牝鹿自遠以避

野牛

臺山多野牛土人設機械獲之先餓餓而後豢以芻豆蔗葉與家牛無異孫司馬有蕭菑田鹿喜蔗葉野牛馴之句自註云山有野牛網而摯之馴以蔗葉

山馬

臺灣内山有馬小而力弱與内地異

黄羊

水沙連紅頭嶼出黄羊有鬣其皮以爲褥者

豹

臺灣無虎有豹然豹與内地不同内豹皮厚金錢紋臺豹艾葉紋皮薄可爲衣原產北路彰化今惟淡水雞籠山時獲一二頭稱難稱其價亦数倍於内地豹皮也

臺鱗計八條

新婦啼

新婦啼魚名狀本鮮肥熟則拳縮意取新婦未諳恐被姑責也孫司馬有詩泔魚未學易牙方軟玉銷為水碧凝廚下却憐三日婦羹湯難與小姑嘗

飛藉魚

飛藉魚疑是沙燕所化兩翼尚存漁人懸燈以待飛入舟中取之孫司馬有詩入海微禽能變化秋來巢燕已為魚翻飛應悔留雙翮誤學燈蛾赴火漁

鸚哥魚

鸚哥魚鳥嘴紅色週身皆綠相傳真臘有魚名浮胡嘴似

鸚鵡孫司馬有詩朱施馬嘯畢成襦陸困樊籠水厄罘信是知名無隱法曾聞真臘有浮胡

## 鮡魚

鮡魚黑色如鰍長數寸時於水面昂首二目突出身多綠斑背有翅置於地能跳亦能行如有足然亦巡方有詩無鱗隱見綠苔斑額上雙眸月兩環掉尾居然行地上潛身不肯入波間烹來羨膾爭誇美捕向淤泥未覺艱海外蟲魚皆有異他年歸去紀南臺范巡方和韵怒目棱棱遍體斑蛇行也鮮曲迴環如何生在滄溟裏偏喜身居清濁間

虎穴棹頭終不顧（六給諫畜數尾于池有跳石上覺者）龍門燒尾可知艱烹鮮更怪成何味叢笑令人鄙百蠻

烏魚

烏魚於冬至前由彰化鹿港及安平大港至鳳山瑯嶠海脚石罅處放子仍回北路至前為正頭烏則肥至後曰回頭烏則瘦鳳山雜錄有烏魚旗稅拾遺記大業六年吳郡獻海鰌四瓶帝以示羣臣云昔術人介象於廞庭釣得鰡魚此幻化耳今日之贈乃是真海魚所作來自數千里亦是一時奇味即出數盤以賜羣臣蓋烏魚也范巡方有詩

網魚兢捕正頭烏興味頻嫌至後殊海埕引回憐瘦劇船頭懸罟急徵輸釣緡信是嬌漁父幻化無須問老夫曾食江鯔爭比得杭有江鯔芙蓉花裏好提壺

海翁魚

海翁魚大者約三四千斤小者亦千餘斤口中涎沫常自吞吐有遺於海邊者黑色淺黃色番每取之假作龍涎香以賈利乾隆九年冬淡水白沙墩雷擊死隨潮擱淺巨魚二十二尾如排列狀頭似豕長丈餘目生頷下口濶四尺魚身蝦尾腹寬二尺尾寬七尺約長三丈有奇居民以為

海翁魚云龍涎香詳雜記

海龍

海龍產自澎湖澳冬月雙躍海灘漁人獲之號為珍物有尾似龍無牙爪長尺餘以之入藥功倍海馬孫司馬有詩澎島漁人乞我歌海龍雙躍出盤渦爪牙未具空鱗鬣直似枯魚泣過河

海馬

海馬狀似馬蹄有騣四翅漁人網獲以為不祥

卷終